AF359585

A AIX, De l'Imprimerie de la Veuve de Joseph Senez. 1731.

REPONSE
AU MÉMOIRE INSTRUCTIF
du Pere Jean-Baptiste Girard, Jesuite.

POUR DEMOISELLE CATHERINE CADIERE, de la Ville de Toulon , Apellante *animis* de Decret d'Assigné rendu par Messieurs les Commissaires du Parlement le 23. Février dernier; & au principal Querellante en Inceste spiritus & autres Crimes

CONTRE

Ledit Pere Girard , Intimè & Querellé

UNE Acusation grave , qui jette les autres hommes même innocens, dans l'humiliation & dans la frayeur, ne fait qu'augmenter l'assurance & l'orgueil d'un Jesuite coupable. Il insulte à Dieu & à sa Religion par les Messes qu'il dit tous les jours au grand scandale de tout le Public ; bien different de ces illustres innocens , qui au moment de leur accusation , quoique calomnieuse , s'étoient interdit volontairement toutes les fonctions de leur Ministére: Il insulte à ses Juges par une confiance outrée , injurieuse à la Justice , & interdite au Crime : Il insulte au Public par le mépris qu'il fait de ses suffrages : Il insulte à ses Parties , & même à leurs Défenseurs , par des expressions outrageantes,& même insolentes,& par des Chansons diffamatoires & ordurieres. Est-ce là ce Prêtre, ce Religieux,qui dans l'Exorde de son Mémoire avoit promis de se défendre avec tant de moderation,& *de conserver à la charité, & à la bienseance la plus severe leurs droit les plus sacrez ?* Son Factum, Ouvrage de tant de mains , & qui vient seulement de paroitre, n'est qu'un vrai Roman ; il en a tous les caracteres; la fiction , la licence , le stile. Il y nie les faits les mieux prouvez par la Procedure,& même par ses Lettres, & par ses propres aveus; il y avance sans ménagement les faits les plus faux & les moins vraisemblables,& il

A

a l'aveuglement de vouloir que la Juſtice préfere ſon aſſertion ſi décredi-
té, à une foule de Temoins irreprochables,& même aux preves litterales
qui partent de ſa main. Quels ſucces peut avoir une pareille défenſe, que
d'achever la conviction de ce Jeſuite,& de le rendre toûjours plus odieux;

Ce n'eſt pas la ſeule Piece qui a été employée pour ſa prétenduë juſtification : Il y en a d'autres dont il ſuffira de donner une legere idée, pour
en montrer l'inutilité, & le deſeſpoir de ſa Cauſe.

La premiere eſt une Lettre publiée ſous le nom de Mademoiſelle le
Blanc, Sœur de Me. le Blanc Avocat, un des Conſeils de l'Accuſé. Comme c'eſt-là une Piece non communiquée, qui ne contient d'ailleurs qu'une
idée très-imparfaite du Procez, & fort contraire à la Procedure, aux
Lettres, & aux Aveus du Pere Girard, nous ne croyons pas en devoir faire une refutation. Si elle en avoit merité une, nous n'aurions employé que
celle que Mademoiſelle Agnes, Penſionnaire de l'Abbaye d'Ollioules, vient
de lui faire, & qui eſt ſi judicieuſe.

La ſeconde eſt un Mémoire fait par un Ex-Jeſuite, originaire de Lam-
beſc, intitulé : *Hiſtoire du Procez de la Demoiſelle Cadiere & du Pere Girard*,
où aux depens du ſens commun, il exalte l'habileté, la pureté la prudence,
la modeſtie, & la ſainteté du Pere Girard, & ſe dechaine contre les
Avocats & le Public qu'il mépriſe également. Cet Ex-Jeſuite a eu moins
en vûe de prêter au Querellé une defenſe utile, dont il n'eſt pas capable,
que de prouver au Public qu'il ſçait une partie de ſon Horace, qui fait tout
ſon fonds. Nous n'avons garde de perdre ici le tems à refuter ce Mémoire le caractére de l'Auteur, & le ridicle de l'Ouvrage nous en diſ-
penſent. Le mépris que le Public en a fait, l'a replongé dans ſon neant
dès le premier moment de ſa naiſſances. Les Jeſuites chez qui il a été
compoſé de moitié, & qui en ont été les premiers aprobateurs, vien-
nent de le faire imprimer à Avignon dans leur Maiſon, & de le répandre
dans pluſieurs Villes : la qualité du ſuccès le leur a fait deſavoüer ; tout
cela n'a rien que de conforme à leur conduite ordinaire.

Ce qu'il y a de plus ſingulier, c'eſt qu'on aſſure que cet Ex-Jeſuite
vient de jurer à ſon Prélat, que quand il a travaillé chez les Jeſuites & avec
eux à ce Memoire, ç'a été ſur la foy de la parole, qu'ils lui avoient donnée
qu'il ne ſeroit ni imprimé, ni répandu, & que non ſeulement ils l'ont fait
imprimer à ſon inſçû, mais encore qu'ils y ont ajoûté la plus grande partie
des injures qu'il contient. Le ſort de cet ouvrage eſt ſemblable à ces en-
fans illegitimes, qui ſont deſavoüez par ceux qui leur ont donné l'être.
L'importante affaire de la Cadiere ne nous laiſſe pas le tems d'éclaicir ces
fait, & nous nous contentons d'en proteſter quant à preſent.

Mais revenons au Roman du Querellé, & faiſons en une refutation
exacte. Et pour cela, comme nous avons déja établi fort au long toutes
nos raiſons dans nôtre premier Memoire, nous refuterons ſommaire-
ment les faux faits avancez par l'Accuſé dans l'hiſtoire du ſien ; & nous
nous bornerons enſuite à faire voir qu'il n'a rien dit qui puiſſe affoiblir
les preuves invincibles des Crimes dont il eſt accuſé.

Le Querellé à la page 2. & 3. du ſon Memoire, dit que la Demoiſelle Cadiere avoit des extaſes & des viſions long-tems avant qu'elle fût
ſous ſa Direction ; qu'elle en avoit ſous celle du Pere Alexis, que celui-
ci appelloit *des careſſes du Divin Epoux*, & ſes Compagnes, *des bleſſures
de l'Amour Divin* ; que pour ſe mettre d'adord en credit auprès de
l'Accuſé, & l'emporter dans ſon eſprit pardeſſus toutes ſes autres Pénitentes, elle ſe donna pour Fille à Viſions & à Revelations, & luy
declara que ce qui l'avoit engagée à ſe confeſſer à lui, c'eſt par-

ce qu'un jour qu'il fortoit de l'Eglife des Carmes, où l'on folemnifoit la Canonifation de St. Jean de la Croix, Nôtre-Seigneur luy avoit dit en termes formels & d'une voix bien diftinᶜte, en le luy montrant, voilà l'homme que je t'ay deftiné pour te conduire à moy : *Ecce homo* ; & que la Demoifelle Cadiere avoit dit que long-tems avant l'arrivée du Pere Girard, Dieu luy avoit fait voir clairement ce Pere dans une vifion, & luy avoit apris fon nom, en luy déclarant qu'un jour il le luy enverroit pour la diriger.

Quelle forte de deffenfe eft donc celle-ci. 1o. L'Accufé convaincu de tant d'œuvres de Satant, veut-il encore fe donner ici pour un Direᶜteur envoyé du Ciel ? 2°. Le Pere Alexis moins accoutumé que lui à ces termes de tendreffe, n'avoit jamais dit à la Demoifelle Cadiere que c'é-toient là *des careffes du Divin Epoux, ni fes Compagnes des bleſſures de l'Amour Divin.* 3°. Comment veut le Querelé perfuader que la Que-relante avoit eu des extafes, & des vifions fous fes precedens Direᶜteurs, & qu'elle s'étoit d'abord donné à lui pour Fille à vifions & à revela-tions ? Car outre que fes precedens Direᶜteurs ont depofé qu'elle n'en avoit jamais eu fous leur Direᶜtion, d'ailleurs n'avons-nous pas deux preuves literales contraires, qui partent de fa main ?

La premiere eft tirée de fa Lettre de 7. Juin 1730 où marquant à la Demoifelle Cadiere tout ce qu'elle devoit faire entrer dans fon Memoire du Carême, qui devoit comprendre toutes fes vifions & fes revelations, lui dit de commencer depuis le commencement de fon obfeffion, qu'il apelle *fon état de peines, en reprenant*, dit-il, *depuis le commencement de vôtre état de peines.* Or ne convient-il pas que l'obfeffion de la Demoi-felle Cadiere n'a commencé qu'à la fin de Novembre ou au commen-cement de Decembre 1729. tandis qu'il eft convenu, qu'elle étoit fous fa direᶜtion depuis le mois d'Avril 1728.

La feconde preuve litterale fe tire de fes propres aveus, & de fa reponfe au 23. interrogatoire. *Interroge fi la Demoifelle Cadiere lui a fait confidence de fes vifions.* A répondu *que 14. mois après qu'il a com-mencé de la confeffer, elle lui fit part des vifions & chofes extraordinaires qu'elle pretendoit lui être arrivées.* Il eft donc faux, fauf refpeᶜt, qu'elle fe fût d'abord donnée à lui comme une Fille à vifions & à revelations, & qu'elle en eût eu avant qu'elle fût fons fa direᶜtion. De là on peut juger d'une part, de la foi qu'on doit ajoûter à fes Penitentes ftigmatifées, à qui il a fait depofer cette fauffeté ; & de l'autre s'il merite d'être crû à fon affertion fur les faits dont il n'a point de preuve, & même contre la foi de tant de Témoins irreprochables, tandis que nous le convain-quons ici par fa propre Lettre, & par fes propres reponfes, de parler contre la verité.

C'eft une autre fupofition de la part de l'Accufé, de dire à la page 3. & au commencement de la page 4. de fon Memoire, que la De-moifelle Cadiere lui avoit fait accroire que la Sœur de Remufat, qu'il avoit auffi dirigée, l'avoit delivrée de fon état d'obfeffion, vers la mi-Février 1730 puifqu'il eft pronvé par toute la Procedure que fes acci-dens d'obfeffion ont non-feulement continué pendant les trois mois & demi qu'elle a paffez au Couvent Ste. Claire d'Ollioules, depuis le 6. Juin 1730. jufqu'au 17. Septembre fuivant, mais encore après fa fortie, & qu'ils n'ont fini que le 17. Novembre qu'elle en eut les trois derniers accidens, qui furent fi violens, & qui font fi bien décrits par plufieurs Témoins, & fur tout par les deux Curez de la Cathedrale, dont nous avons raporté les dépofitions aux pages 28: & 29. de nôtre precedent Memoire ; ce qui devoit l'empêcher par le fien de nous reprocher de les avoir paffez fous filence, tant il eft vrai qu'il n'eft pas efclave de la verité. Nous ajoûterons ici en paffant, qu'il avoit mis la Sœur de Remufat dans les mêmes états, comme il eft prouvé par les Lettres de cette Religieufe, qu'il convient à la fin de la page 8. de fon Factum, d'avoir remifes à la Querelante, & de les avoir reprifes au mois de Mai 1730 il n'a qu'à les produire puifqu'il en eft faifi, & la chofe fera bien-tôt juftifiée : N'eft-il pas notoire à Marfeille que chacun regardoit la Sœur de Remufat comme une fainte, mais que la qualité des Lettres du Pere Girard, qui furent trouvées dans fa caffette après fon decès, changea extrêmement les idées ?

Le Querelé à la page 6. de fon Factum, fe plaint de ce que la Demoifelle Cadiere lui avoit envoyé d'Aix le 19. Mai 1730. & dattée d'Aix, une Lettre dont fon frere le Dominicain avoit fait la minute, & fon frere l'Abbé le mit au net à Toulon, comme il eft prouvé par la minute de cette Lettre, qui lui fut remife avec les fiennes lorfque la Gravier fut les retirer à Ollioules ; & de là il veut conclure que c'eft une preuve qu'elle l'avoit toûjours trompé.

Quel pitoyable argument contre la conviction de tous les crimes dont il eft accufé ? Le Pere Cadiere, & l'Abbé fon frere à qui ce fait eft fi perfonnel, en feront voir l'inocence ; il nous fuffira de remarquer ici en paffant. 1°. Que fi la Demoifelle Cadiere fe fit écrire cette Lettre par fes freres à Toulon avant que de partir, c'eft parce que fçachant à peine mettre fon nom & ne pouvant pas l'écrire elle-même, & le Pere Girard voulant pourtant que dabord qu'elle feroit arrivée à Aix elle lui écrivit, que pouvoit-elle faire de mieux que de fe faire faire la Lettre par fes freres avant que de partir ? 2°. Que cette lettre ne contient qu'une partie de ce que le P. Girard lui avoit prédit ainfi qu'il en refulte de la même Lettre. 3°. Que cette Lettre & toutes les autres que fes freres lui avoient écrites étoient une chofe fi innocente, qu'elle avoit eu la bonne foi, & la fimplicité d'en remettre les minutes à la Gravier lorfqu'elle fut reprendre les Lettres du P. Girard : Ne faut-il pas ne fçavoir où s'en prendre pour s'acrocher à de pareilles chofes ?

L'hiftoire des Pêches qu'il veut que la Cadiere fut manger de nuit au Jardin des Clairiftes, qu'il fait à la page 9. de fon Memoire ; celle qu'il fait à la page 12. d'une nouvelle Croix miraculeufe, envoyée à la Cadiere au mois d'Octobre 1730. & qu'il fait produire par le Carme à M. l'Evêque, font deux fables, dont il a trouvé bon d'embelir fon Roman, en des termes à faire comprendre combien il eft accoûtumé à fe joüer de la Religion, ou pour mieux dire deux traits d'impofture, dont il feroit bien en peine de trouver aucune trace dans la Procedure; il fçait bien que les Croix miraculeufes ne naiffent que fous fes pas & fous fa direction, qu'on n'a jamais regardé comme telles que les deux qu'il avoit laiffées à la Cadiere lorfqu'elle étoit dans une extafe ou dans un accident d'obfeffion, qu'il lui faifoit accroire lui avoit été envoyées miraculeufement, afin de s'accrediter toûjours plus dans fon efprit, & de lui perfuader plus facilement que tout ce qu'il exigeoit d'elle pour fatisfaire fes paffions, n'avoit rien de criminel.

L'Accufé veut faire accroire que le Pere Cadiere Dominicain eft Auteur du Memoire apellé le Carême, qui contient toutes les vifions & tous les faits extraordinaires arrivez à fa Sœur ; que c'eft lui qui l'a compofé, & que c'eft là un Ouvrage de fupercherie pour le tromper.

Cela choque non-feulement la verité, mais encore toutes les preuves
du

du Procès. 1°. Parce qu'il eſt prouvé par le témoignage des Religieuſes Clairiſtes d'Ollioules, que la Demoiſelle Cadiere a dicté elle-même ce Carême à ſon Frere le Dominicain, & que celui-ci n'a fait que prêter ſa main. 2°. Comment pourroit-on attribuër au Dominicain les viſions contenuës dans ce Mémoire apellé *Caréme*, puiſqu'elles ſont préciſement les mêmes que celles qu'on voit dans Marie d'Agreda & dans Marie à la Coque ? Or ſont-ce là des Livres qui ſoient de la connoiſſance, ni du goût des Thomiſtes ? On ne les en ſoupçonnera ſans doute pas. Et l'Accuſé peut-il nier que ces deux Livres, & les autres ſemblables qui ſont pleins de cette mixticité qui a toûjours eu tant d'attrait pour lui, comme il le dit dans ſon Factum, ne ſoient ſes Livres favoris, & qu'il avoit prêtez & fait lire à la Demoiſelle Cadiere ? De ſorte que s'il y avoit ici quelque choſe qui pût être regardé comme l'effet d'une imagination échauffée, on ne pourroit attribuër qu'au Pere Girard toutes ces mixticites. 3°. Comment veut-il ombrager ce Carême, ni l'attribuër au Pere Cadiere Dominicain, puis qu'il convient dans ſes Réponſes & dans ſon Factum, d'avoir été le têmoin de tous les faits qui y ſont contenus, & que la Demoiſelle Cadiere lui avoit declaré toutes les viſions qu'il renferme à meſure qu'elle les avoit euës, & long-tems avant que le Dominicain écrivit ce Carême, ſous le dictamen de ſa Sœur ? 4°. Il convient non-ſeulement de la verité de tout ce qui eſt contenu dans ce Carême, mais encore d'avoir ordonné à la Demoiſelle Cadiere de faire ce Memoire, & il eſt juſtifié par ſes Lettres qu'il l'y avoit forcé & qu'il le lui avoit demandé avec tant d'empreſſement. Enfin, n'avoit-il pas fait écrire à la Dame de Leſcot auſſi un Memoire de tout ce qu'elle avoit vû arriver d'extradrdinaire à la Demoiſelle Cadiere, qu'il a auſſi fait joindre à la Procedure ?

L'Intimé, à la fin de la page 9. & au commencement de la dixiéme de ſon Mémoire ; dit que la Demoiſelle Cadiere, après avoir épuiſé inutilement tous les ſtratagémes dont elle avoit pû s'aviſer pour faire conſentir ſon Directeur à ce qu'elle deſiroit ſi ardemment, qui étoit ſa ſortie du Couvent, & deſeſperant d'en venir à bout, elle propoſa à Meſſire Camerle Eccleſiaſtique le deſſein qu'elle avoit de s'enfuïr quelque part ; elle ſe flata d'autant plus de réüſſir auprès de lui, que cet Eccleſiaſtique paroiſſoit avoir une très grande opinion de ſa vertu ; mais pour ne pas l'effaroucher tout d'un coup & conſerver toûjours cette idée avantageuſe, elle lui fit accroire que Dieu l'apelloit à ſervir dans les Hôpitaux de Rome par humilité ; & que s'il vouloit partager cette bonne œuvres avec elle, elle avoit 500. écus à ſa diſpoſition ; mais celui-ci lui ayant répondu qu'il n'étoit pas encore dans les Ordres ſacrez, & qu'il vouloit être Prêtre avant que d'aller à Rome, la Cadiere lui repliqua que cela n'étoit pas neceſſaire, & que s'il étoit jamais Prêtre, M. l'Evêque ne le laiſſeroit point ſortir de ſon Dioceſe ; il ajoûte que ce fait s'eſt paſſé au commencement du mois d'Août, & qu'il doit reſulter de la Procedure.

Mais 1°. Ce fait n'eſt que dans la bouche de Meſſire Camerle, Aumônier de M. l'Evêque, qui ne peut faire aucune foi ſoit parce qu'il eſt ſi ſuſpect, comme nous l'avons montré par le Memoire des Objets ; ſoit parce qu'étant à cet égard un Témoin unique & ſingulier, il ne fait aucune preuve, ſuivant la Regle *Teſtis unus, teſtis nullus.*

2°. Ce fait eſt ridicule, & choque même la vrai-ſemblance ; car quelle aparence y a t-il que cette Fille, ſous prétexte de ſortir du Couvent, où le Pere Girard étoit bien-aiſe de la retenir par des motifs que nous ex-

B

pliquerons tantôt, eût voulu s'enfuir à Rome , pour aller fervir aux Hôpitaux , & qu'elle lui eût dit qu'elle avoit 500. écus à fa difpofition? Ne pouvoit-elle fortir de ce Couvent que par la fuïte ? Et malgré toute l'injufte refiftance de fon Directeur , ne pouvoit-elle pas en fortir & aller à fa Maifon, où à fes Parens, qui ne l'en avoient vûe fortir qu'avec regret , l'attendoient avec impatience, puis qu'il eft prouvé par toutes les Lettres du mois d'Août, qui eft l'époque qu'il veut donner à cette propofition ridicule, que fa Mere & fes Freres la follicitoient vivement de fortir de ce Couvent ? A la bonne heure de pieter une pareille refolution á une Fille que des Parens voudroient immoler malgré elle pour en faire une Religieufe forcée , & qui auroit été chaffée de leur Maifon, avec défenfe d'y plus revenir ; mais il faut être bien amateur de la fable & de la fupofition pout prêter une pareille idée à la Demoifelle Cadiere.

L'Accufé veut perfuader que la Querellante l'a trompé, parce qu'il eft un mixtique ; *c'eft-à dire , une de ces perfonnes plus particulierement devouées à la pieté, & nourries depuis long-tems dans la fimplicité de l'Evangile , perfuadé que le Bras du Tout - Puiffant n'eft pas racourci , & que les mêmes merveilles qu'il a operées autre fois , il peut également les manifefter aujourd'hui pour fa plus grande gloire, & pour la confolation de fes Elûs* , & qui fe livrent plus facilement à la croyance des faits extraordinaires qu'on leur raconte ; que la Demoifelle Cadiere avoit contrefait l'ebfedée ; que ce qu'on apelle ici accidens d'obfeffion, n'étoient qu'une Comedie de la part de cette Fille , ou bien des vapeurs communes à fon fexe ; ces transfigurations des barbouillemens faits avec un fang periodique : C'eft pour cela, ajoûte-t-il, que les trois transfigurations qu'elle avoit eu, avoient toûjours été depuis le 7. jufqu'au 9. Sçavoir , celles des mois d'Avril & de Juillet le 7. & celle du mois de May le 8.& que ce qu'on apelle ici des ftigmates,n'étoient que des Ecroüelles; & qu'ayant reconnu la fupercherie de tout cela, il la quitta & nevoulut plus la diriger.

Une pareille défenfe ne choque-t-elle pas la verité, & même la vraifemblance, foit qu'on confidere la qualité des Perfonnes, foit qu'on confidere celle des Faits? Car 1°. L'accufé a beau fe mafquer & affecter ici la fimplicité d'un mixtique Anachorete qui n'auroit jamais eu aucune connoiffance du monde, & qui depuis fa plus baffe enfance auroit mené une vie folitaire toûjours dans la contemplation. Mais eftce là l'idée du Pere Cirard ? Tout le monde ne fçait-il pas qu'il joint à un efprit fublime & délicat toute l'experience des gens & des affaires du monde ? Et qui a jamais mieux connu que lui tous les réplis du cœur humain, & toutes les paffions qui l'agitent ? Combien de belle peintures, de fçavantes annalifes lui en avons-nous vû faire dans fes Sermons ? A qui veut-il donc perfuader qu'un Jefuite le plus fpirituel, le plus éclairé & le plus experimenté , aura été la dupe d'unu Fille de 18. ans, qui avoit paffé fa vie dans la dévotion & dans l'éloignement du monde , & qui avoit encore toute la fimplicité d'une Fille de fept ans, au témoignage de fes précedens Directeurs ?

2°. Si l'on pouvoit regarder ces faits d'obfeffion comme une Comedie, ce que non, n'en feroit il pas lui-même le principal Auteur ? Témoin l'exemple de la fauffe poffedée de Turin.

3°. Comment pouvoir regarder ces faits comme une Comedie, ni comme l'effet des vapeurs aufquelles les Femmes & les Filles font fujettes? Peut-on attribuër à de pareilles caufes ce corps immobile & roide comme du marbre ; ces convulſions & ces tranſports , lors deſquels 3. ou 4. perſonnes ne pouvoient pas contenir la Cadiere ; ce nez fermé ſans pouvoir lui faire ouvrir la bouche ; ces réponſes en Latin ſi juſtes de la part d'une Fille qui n'avoit jamais apris cette langue ; cette dénegation des Miſteres de la Foi pendant le tems des accidens ; ce redoublement de convulſions par les Prieres ; le ſecret qu'elle avoit des conſciences ? Tons ces faits ſi bien prouvez par la Procedure, ne ſont-ils pas inconteſtablement des faits d'obſeſſion, ſuivant toutes les Autoritez raportées dans nôtre précedent Mémoire , & ſur tout les Auteurs de la Societé ?

4o. Il eſt prouvé par la Procedure qu'il y avoit 6. à 7. autres Penitentes du Pere Girard, qui avoient les mêmes accidens que la Cadiere, & que la Laugier mordoit même le Crucifix & y crachoit deſſus. Ces autres Penitentes joüoient elles auſſi une Comedie ?

5o. M. l'Evêque qui étoit ſans doute bien le Juge competant de la qualité de ces accidens, n'a-t-il pas jugé que c'étoient des accidens d'obſeſſion , puis qu'il a fait lui même le premier Exorciſme à la Cadiere, & ordonné de les continuër?

Enfin, le Pere Girard n'a-t-il pas avoüé par ſes premieres Réponſes, que la Cadiere avoit été veritablement obſedée ? N'a-t-il pas fixé lui-même le commencement & la fin de cette obſeſſion ? Et n'en a-t-il pas décrit les effets ? Ses propres Lettres, quoique refaites , & celles de la Cadiere, qu'il a produites, n'en contiennent elles pas encore la preuve , & qu'il en étoit l'Auteur, comme nous l'avons prouvé à la page 22. de nôtre premier Memoire , par des raiſons qui ſont demeurées ſans réponſe ?

Il ne devoit pas dire à la page 20. de ſon Factum d'une part, que c'étoit une prevention exceſſive de ceux qui la regardoient comme une Sainte & comme une Propheteſſe , de croire qu'elle eût la connoiſſance de l'interieur des conſciences ; & de l'autre, que quand elle l'auroit euë, ce n'auroit pas été là une marque d'obſeſſion, parce qu'il n'y a que Dieu qui ſçache le ſecret des conſciences. Car c'eſt là une bien mauvaiſe reſſource de ſa part ; 1o. Comment pent il dire que ce fût là l'effet d'une prevention exceſſive, puis qu'outre les autres preuves de la Procedure, raportées dans nôtre precedent Memoire, n'a-t-il pas convenu lui-même par ſa reponſe au 26e. interrogatoire, qu'elle avoit la connoiſſance de ce qni ſe paſſoit chez les autres, & par conſequent, de l'interieur des conſciences ? *Interrogé de quelle eſpece étoient les viſions & les choſes extraordinaires qu'elle lay racontoit, a repondu que c'étoient tantôt des mouvemens & des connoiſſances particulieres qu'elle recevoit de ce qui ſe paſſoit en elle, de ce qu'elle devoit faire , & de ce qui ſe paſſoit chez les autres; des viſions des Saints, & des paroles interieures.*

2o. Il eſt bien vray qne la connoiſſance de l'avenir , & ſur tout des effets des cauſes purement libres , apartient à Dieu, mais le Demon ne ſçait il pas le paſſé ? Tout ce qu'il a dit que le Demon ne s'emploit pas à aporter des Croix miraculeuſes, à donner des inſpirations ſalutaires, ni à ſauver les ames, n'eſt fondé que ſur de pures équivoques , puiſqu'il n'y a rien ici de pareil.

A l'égard des transfignrations 1o. D'abord qu'il eſt prouvé que tous les faits qu'on vient de raporter ſont de veritables faits d'obſeſſion, l'Accnſé ne peut pas les traiter de barboüillement.

2o. Comment veut-il perſuader que ces transfigurations , & par con-

8

sequent celle du Vendredi Saint, euffent été faites avec un fang periodique, puifqu'il eft prouvé par fes propres avûs que la Cadiere eut cette grande perte de fang de plus de vingt livres, qui eft l'epoque dé fa Bleffure, trois ou quatre jours après Pâques ? Comment auroit-elle pû fe barboüiller de fon fang periodique, depuis le Jeudi Saint jufqu'au Samedi ?

3o. Non-feulement Meffire Ciraud, le Pere Grignet Jefuite, la Cuiol & un grand nombre d'autres perfonnes avoient vû ces transfigurations, lors defquelles le Pere Grignet fe tenoit à genoux à côté du lit, & la Guiol difoit, *qui ne fe convertiroit à un pareil fpectacle ?* Mais encore le Pere Girard ne les avoit-il pas vûës lui même ? N'en avoit il pas été le fpectateur & l'admirateur ? N'en a-t-il pas avoüë la réalité ? Et n'en a-t-il pas même fait une defcription dans fes premieres réponfes ? Quel Ange impur luy a fait depuis lors cette fale revelation ?

Enfin il regardoit fi peu ces transfigurations comme un barboüillement fait avec un fang periodique, que lors de celle du 7. Juillet, arrivée au Couvent d'Ollioules, il dit devant plufieurs Religieufes que c'étoit là une impreffion du doigt de Dieu, & qu'il falloit conferver avec foin l'eau avec laquelle on avoit lavé le vifage de la Cadiere, parce que cette eau fairoit enfuite des miracles.

Quant aux ftigmates, c'eft encore plus mal à propos qu'il les traite d'Ecroüelles ; foit parce que la nature ne les place pas aux mains ni aux pieds, ni aux côtez, mais feulement au col, fous les Aiffeles & aux Aynes ; foit parce qu'il y a fept autres Penitentes qui avoient de pareils ftigmates, Les Ecroüeles feroient-elles le partage de toutes fes Penitentes, & non de celles des autres Directeurs ? foit parce qu'il a avoüé par fes reponfes que c'étoient là des ftigmates, & qu'il les avoit fi peu regardez comme des Ecroüeles, que la Cadiere y ayant mis des Emplâtres ; il les luy avoit fait ôter fur le champs, l'en avoit feverement reprife, luy avoit reproché fon peu de courage & fon peu de foy, & les avoit fouvent baifez, & fur tout celuy du côté. Le prétexte fondé fut ce que la Cadiere avoit abufé de la fimplicité de l'Accufé, & l'avoit trompé, eft donc abfurde & détruit, tant par la qualité des perfonnes, que par celle des faits, prouvez même par fes avûs. N'eft-il pas furprenant qu'il vienne aujourd'hui fe donner un démenti, & foûtenir le contraire de ce qu'il a dit par fes réponfes ? Ne merite-t-il pas bien ce reproche de la Loy : *Nimis indignum effe judicamus, ut quod quifque voce fuâ dilucidè proteftatus eft, id in eundem cafum infirmare, proprioque teftimonio refiftere ?*

Au refte, il faut être bien broüillé avec la verité, pour ofer venir avancer qu'il avoit lui-même quirté la Demoifelle Cadiere, & n'avoit plus voulu la diriger parce qu'il en avoit reconnu la fourbe ; tandis qu'il eft prouvé par fa propre Lettre du 15. Septembre 1730. raportée à la page 10. de nôtre premier Mémoire, que c'eft la Demoifelle Cadiere qui l'avoit bien voulu quitter au grand regret du Pere Girard, & que celui-ci luy offroit toûjours fes fervices. Il étoit fi loin de penfer à quitter cette chere Devote, que quand il aprit que M. l'Evêque vouloit la mettre entre les mains d'un autre Directeur, cette crainte le jetta dans cette défolation extrême, dans ce défefpoir qu'il a fi bien depeint dans la Lettre de la Guiol fa Confidente, du 30. Août 1730. raportée à la page 42. de nôtre premier Memoire.

C'eft un excès de mauvaife foy de la part de l'Accufé, de nier à la page 20. de fon Memoire, le fait du tranfport de la moitié d'une

Hoftie,

Hoſtie , & de ſoûtenir que ce que la Dame de Leſcot dit d'avoir oüi dire à la Dame de Beauſſier la cadette , n'eſt pas veritable, parce qu'on ne trouverá pas dans la Procedure que celle-ci l'ait dépoſé, & qu'il n'a jamais ténu le langage dont parle la Dame de Leſcot. Car ſi la Dame de Beauſſier cadette n'a pas dépoſé ce fait, c'eſt parce qu'elle a été ſubornée par la Dame de Cogolin , comme il eſt ſi bien prouvé par la Lettre de celle - ci ; & qu'au lieu de dire ce fait , qui étoit ſi veritable, elle en a dit deux autres contraires à la verité, pour tâcher de faire tomber la dépoſition de la Tourriere , comme nous l'avons prouvé à la page 52. de nôtre premier Mémoire, & encore par celuy des Objets. Mais n'eſt-il pas prouvé par la Dame de Leſcot & par la Dame de Reimbaud, dans leur confrontation avec la Cadiere, que la Dame de Beauſſier cadette leur avoit dit le fait de la moitié de l'Hoſtie , & la reponſe que le Pere Girard avoit faite là-deſſus ? Enfin ce fait n'eſt-il pas encore prouvé par la deſpoſition de la Dame de Guerin 26ᵉ. Témoin , qui étoit preſente avec la Dame de Beauſſiier cadete, lorſque le Pere Girard avoit fait cette réponſe : Voici les termes de ſa dépoſition ; dépoſe *que le jour que que le Pere Recteur entra , la Sœur de Beauſſier la cadette dit au Pere Recteur qu'après la transfiguration de la Cadiere , elle l'avoit vûë communier ; à quoi le Pere Recteur répondit , ne voulez - vous pas que je le ſçache , puiſque c'eſt moy qui l'ay communiée ; & alors ladite Beauſſier dit à la Depoſante , entends - tu cela ? Quelle merveille ! Ils ſont ſaints l'un & l'autre. Et alors ledit Pere Recteur qui entroit dans la Chambre de la Cadiere, qui étoit couchée dans ſon lit, lui dit : Ah ! petite gourmande , vous venez toûjours me prendre la moitié de ma portion.* C'eſt - là un Témoin occulaire qui étoit preſent , & qui a oüi la réponſe de l'Accuſé : Ainſi ce fait eſt prouvé par trois Témoins irreprochables.

Le Pere Girard dit qu'il avoit toûjours douté de la verité des faits extraordinaires de la Cadiere, & que ce n'étoit que pour les éclaircir qu'il avoit été ſi ſouvent & ſi long tems auprès d'elle : C'eſt là comme le Pole de tout le ſiſteme de ſes Défenſes , & le prétexte avec lequel il pretend juſtifier toute ſon étonante conduite.

Que cette reſſource , à laquelle il met toute ſa confiance , eſt pitoyable ! Car 1o. S'il ſoupçonnoit que ce né fuſſent là des indiſpoſitons naturelles & des effets naturels, d'où vient qu'il n'a pas apellé des Medecins & des Chirurgiens pour les examiner & pour en juger, & qu'au contraire il les a toûjours écartez, & diſſuadé la Mere d'en appeller ? Pourquoi a-t'il voulu faire lui - même la fonction de Medecin & de Chirurgien auprès de ſa Penitente, & en être le ſeul Medecin & le ſeul Chirurgien ? S'il penſoit que ces faits pouvoient être ſurnaturels,& qu'il ne ſe crût pas aſſez de lumieres pour en décider avec certitude, quelque éclairé qu'il ſoit, pourquoi n'a-t'il point conſulté d'autres Théologiens, d'autres Directeurs ? Ce n'eſt pas ainſi que le Confeſſeur de Ste. Thereſe , & ceux de tant d'autres Saintes , en ont uſé , eux qui dès les premiers faits extraordinaires de leurs Penitentes, avoit emprunté les lumieres d'autres Théologiens, d'autres Directeurs & de Medecins, quoiqu'ils fuſſent eux-mêmes ſi éclairez. D'où vient que ſuivant luy il a douté pendant 18. mois de tous les faits extraordinaires qui ſont arrivez à ſa Penitente, dont il a été le Témoin , & qu'il a voulu en être le ſeul Juge ſans Aſſeſſeur ? Quel peut être le motif d'une conduite ſi differente & ſi opoſée ; Il n'eſt ſans doute pas bien difficile à deviner.

2ᵈ. S'il doutoit de la verité de ces faits extraordinaires , il ſoupçonnoit donc cette Fille de se joüer de la Réligion ; & s'il la regardoit sur ce pied là, d'où vient qu'il la faisoit communier tous les jours pendant tout ce tems-là ? D'où vient qu'en la mettant au Couvent d'Oilhoules , par sa Lettre du 5. Juin, il dit à l'Abbesse *je n'ose pas vous demander dans ces commencemens de vouloir bien accorder à Madmoiselle Cadure la sainte Communion pour tous les jours ; peut-être connoîtrez-vous bien-tôt que Dieu le veut , & qu'il ne la trouve pas tout-à-fait indigne de cette grace singuliere ; mais je vous suplie du moins de daigner la faire communier un peu frequemment ?* D'où vient que par ses Lettres subsequentes , il força enfin l'Abbesse à accorder à sa Devote la Communion journaliere ? Est-ce ainsi que les Sacremens de nôtre Sainte Religion , scellez du Sang du Fils de Dieu sont dispensez ? Est-ce ainsi que le Pain des Anges pour lequel l'Apôtre demande tant de preparation & d'épreuves, est donné au hazard & sans discernement ? Le Pere Girard n'a qu'à opter. S'il dit qu'il a donné la Communion journaliere à sa Dévote dans le tems qu'il la soupçonnoit d'une fourbe si sacrilege, il est donc un prévaricateur dans l'administration des Sacremens ? Et dès lors, quel motif ponrra-t-on prêter à sa prévarication, que celui que la Procedure lui donne ? S'il ne veut pas être prévaricateur ; s'il dit qu'il ne doutoit point de la verité de tous ces faits surnaturels, & qu'il les regardoit comme des preuves non équivoques de la sainteté de sa Devote, il sape tout le plan de sa justification ; & ce n'est donc plus pour se guerir de l'incertitude sur ces faits extraordinaires & pour les éclaircir qu'il a frequenté si assiduément sa Devote, qu'il s'est si souvent enfermé avec elle dans sa Chambre ; qu'il a examiné & baisé ses stigmates ; manié & compté ses cottes , & contemplé tout son corps, dont il parle si sçavemment dans ses Réponses ? Encore un coup, il n'a qu'à choisir ? & quelque parti qu'il puisse prendre , sa conviction est toûjours également certaine.

30. Il doutoit si peu de la qualité de ces faits extraordinaires , qu'il sçavoit proceder de l'obsession , & il en abusoit si bien pour joüer tout à la fois Dieu, la Religion & le Public ; & pour abuser plus facilement de cette infortunée Penitente , à laquelle il donnoit pour preuves sans replique de leur sainteté commune & de l'innocence de leurs actions, ces faits qu'il lui faisoit accroire être des prodiges de la Grace ; que non-seulement il la faisoit communier journellement, mais encore un jour qu'il lui avoit prédit qu'elle seroit élevée en l'air, & qu'il étoit dans sa Chambre, comme elle se prit par ses mains à la chaise pour empêcher d'être enlevée , il lui dit de s'abandoner à l'Esprit de Dieu, & lui réprocha qu'elle y resistoit , & sortit en grondant. Voici l'avû qu'il en a fait par sa réponse au 88e. interrogatoire. *Tout d'un coup elle dit au Repondant , qu'elle se sentoit élevée en l'air ; mais qu'elle vouloit y resister , parce qu'elle sentoit en elle des intentions d'orgüeil ; & s'étant assise , elle se prit contre une chaise, & le Repondant lui ayant dit alors qu'elle resistoit à l'Esprit de Dieu ; & que c'étoit là une occasion que Dieu lui fournissoit peut-être pour convaincre , lui Répondant , de la verité des choses qui s'operoient en elle , & dont il doutoit ; il falloit donc qu'elle s'abandonnât à l'Esprit de Dieu ; mais elle ayant changé de place deux ou trois fois , & paroissant toûjours vouloir resister à l'operation Divine, le Repondant sortit.*

Cet avû de l'Accusé prouve la bonne foi , la simplicité & l'humilité de cette Fille, & que son Directeur lui donnoit tous ces faits pour des prodigues de la Grace : C'est une suposition qu'il n'a imaginée que pendant le Procès, d'avoir dit alors à sa Penitente que c'étoit-là une occasion que Dieu lui fourniſſoit peut-être pour le convaincre de la verité des choſes qni s'operoient en elle, & dont il doutoit ; car outre que ce doute n'étoit pas compatible avec la Communion journaliere qu'il donnoit à cette Fille, d'ailleurs comment auroit il pû regarder Dieu comme l'Auteur des choſes qui s'operoient en elle, lui dire de s'abandonner à l'Eſprit de Dieu, & lui reprocher qu'elle reſiſtoit à l'Eſprit de Dieu & à l'operation Divine, & la quitter en grondant, s'il avoit douté de la verité de ces faits ? On voit par les Lettres refaites, qu'il lui diſoit continuellement de ſe livrer à l'Eſprit qui agiſſoit en elle, & que c'étoit l'Eſprit de Dieu, tandis qu'il ſçavoit que c'étoit l'Eſprit du Demon qui la tourmentoit par l'obſeſſion.

4º. S'il doutoit de la ſincerité, ou de la fourbe de ſa Penitence, d'où vient que par ſa Lettre du 22. May, par laquelle il demande à l'Abbeſſe une place pour elle, il lui dit que puiſque cette Demoiſell elui eſt connuë, il ne lui dira rien de particulier ſur le caractere de ſon eſprit, de ſon humeur & de ſa vertu, & qu'il peut l'aſſurer ſeulement que ce n'eſt pas une ame commune, & que nôtre Seigneur a une prédilection ſinguliere pour elle : *C'eſt Mademoiſelle Cadiere qui vous eſt un peu connuë, à ce que je lui ai oüi dire, c'eſt ce qui fait que je ne vous dirai rien de particulier ſur le caractere de ſon eſprit, de ſon humeur & de ſa vertu ; je puis vous aſſurer ſeulement que ce n'eſt pas une ame commune, & que nôtre Seigneur a une prédilection ſinguliere pour elle..... Je vous réponds de la bonté & de la ſolidité de ſa vocation, parce que j'en ai des preuves inconteſtables. Vous accorderez une grande grace à cette Fille en la prenant chez vous : Je ſuis en même-tems perſuadé que Dieu ne peut guere en cette matiere accorder à vôtre Maiſon de plus grande grace qu'en vous accordant & vous envoyant un tel Sujet ; vous le connoîtrez aiſément en peu de tems.* Et que par ſa Lettre du 5. juin, dont il accompagna ſa Dévote, lors qu'il l'envoya à ce Couvent, il dit à l'Abbeſſe : *Voilà l'Ame que Jeſus-Chrſt a reſervée à vôtre Monaſtere, & que je vous envoye ; je la remets volontier en des mains telles que les vôtres.....Elle eſt, par la grande miſericorde de Dieu, dans d'excellentes diſpoſitions.* Ce langage eſt-il compatible avec ces ſoupçons continuëls qu'il dit aujourd'hui d'avoir eu ſur la conduite & ſur les faits extraordinaires de ſa Penitente, à moins qu'il ne veüille nous perſuader que quoiqu'il la ſoupçonnât d'être une fourbe impie, il l'avoit pourtant voulu donner pour une Sainte ? Mais alors nous lui demanderons le motif d'une conduite ſi criminelle & ſi irreligieuſe de ſa par ?

5º. D'où vient qu'il avoit forcé la Cadiere à écrire tous les faits extraordinaires qui lui étoient arrivez, & à faire le Mémoire apellé le *Carême* qui les contient, comme il en convient par ſon Factum, & qu'il le lui avoit ordonné de la part de Dieu, pour ſervir à l'édifications du Public, quoiqu'elle eût tant de répugnance à le faire, comme il eſt prouvé par les Lettres des deux Parties, produites par l'Intimé, & ſur tout par la Lettre de la Cadiere du 17. Août, dont voici les termes.

Je ſuis au deſeſpoir, mon cher Pere, de ne vous avoir pas plûtôt pû accorder les Papiers que vous me demandez ; je reconnois qu'il y a de ma faute, qui eſt d'autant plus grande à mon égard, qu'elle eſt la cauſe de toutes les peines que vous ſouffrez. Mais ſi ma ſoûmiſſion peut contribuer à les adoucir, je ſuis toute prête à faire le ſacrifice que vous exigez de moy, pour vous montrer que rien ne m'eſt plus à cœur que vôtre conſervation Vous devez croire que mon intention n'a jamais été de vous les refuſer, & de vous amuſer par de vaines paroles ; ma conduite juſtifiera mes démarches paſſées auprès de vous ſur ce ſujet. Le ſeul motif qui m'en a éloigné , & qui m'a porté à me tenir jusques aujourd'huy dans les bornes de la modestie & de la retenuë , que je crois me convenir avec justice , ç'a été l'horreur & la peine que je réssentois interieurement de produire moi-même , & de mettre à jour ma vie. Au reste , puisque c'est l'esprit de Dieu qui vous inspire à me le demander , je m'y soumets de tout mon cœur , & vos reproches n'auront plus lieu à mon égard sur ce sujet. Lundy vous en trouverez , à vôtre arrivée , une bonne partie d'écrite. D'où vient qu'il avoit chargé la Dame de Lescot, Maîtresse des Novices, d'écrire avec soin toutes les merveilles que Dieu opereroit en la personne de la Cadiere pour servir un jour à l'édification du Public , comme il est prouvé par sa déposition. & dont il a lui-même produit le Mémoire ?

Il a la mauvaise foy de dire aujourd'huy que quand il avoit obligé la Cadiere à écrire le Carême , c'étoit seulement pour examiner ces faits , & pour fixer ses doutes sur leur qualité. Mais ce prétexte n'est-il pas évidemment faux , sauf respect ? 1°. Avoit-il besoin pour en juger qu'elle lui eût remis le Mémoire, puisqu'il convient dans ses Réponses & dans son Factum, qu'elle lui avoit declaré toutes ses visions & toutes ses revelations à mesure qu'elle les avoit eûës , & qu'il avoit été Témoin lui-même de ses transfigurations , des ses Stigmates & de tous ces faits extraordinaires ? 2°. La Communion qu'il lui donnoit tous les jours, les éloges de sainteté qu'il lui prodiguoit, ne prouvent ils pas qu'il n'avoit là dessus ancun doute ? 3°. Les termes de la Lettre que nous venons de raporter, ne prouvent-ils pas que ce n'étoit point pour s'éclaircir sur la qualité de ces faits, qu'il avoit forcé sa Pénitente à écrire ce Carême ; mais bien pour avoir la preuve des pretendus faits de Sainteté de sa Pénitente ? 4°. En chargeant la Dame de Lescot de mettre par écrit toutes les merveilles que Dieu opereroit en la personne de la Cadiere , ne lui avoit-il pas ajoûté que ce Mémoire serviroit un jour à l'édification du public ? 5°. Il doutoit si peu sur ces faits extraordinaires , & il les faisoit si bien regarder comme des prodiges de la grace, que le 7. Juillet, jour de la transfiguration , il dit devant plusieurs Religieuses, de conserver avec soin l'eau dont on avoit lavé le visage ensanglanté de la Cadiere , & que cette eau feroit des prodiges ; & il ajoûta que la Cadiere avoit deja fait des miracles à Toulon , comme il est prouvé par la Procedure & pat les Témoins raportez dans nôtre premier Mémoire.

Enfin pour montrer combien le Pere Girard étoit loin de douter des faits extraordinaires qui arrivoient à la Cadiere , & qu'il n'oublioit rien pour en imposer là dessus au Public , il suffit de raporter ici la déposition de Marie-Anne Calas 107. Témoin : *Depose qu'elle a souvent entendu parler dans la Ville , des extases & des revelations de la Demoiselle Cadiere , desquelles extases elle se mocqnoit , & n'y ajoûtoit point de foy , l'ayant même dit à ses parens ; & comme elle se confessoit du Pere Girard , elle lui a souvent dit son sentiment sur les extases de ladite Cadiere , lui disant qu'elle étoit surprise qu'un homme de la premiere volée donnât dans le sens de cette petite Fille ; à quoy le Pere Girard répondit , de quelle petite Fille ; alors elle lui dit , qu'un homme qui instruisoit les Sçavans , ne pouvoit pas donner dans le sens de la Cadiere ; & alors il lui repondit , ce sont des bonnes Ames : Et qu'elle ayant oüi parler des extases de la Demoiselle Laugier , elle dit au P. Girard que dans la Ville on se mocquoit de ces extases ; à quoy il répondit que la premiere Penitence que Dieu nous fait faire , est d'être en bute à tout le monde ; & ayant elle déposante fait , toûjours en parlant au P. Girard , la comparaison de ces*

Filles

Filles avec Sainte Therese & Saint Paul, & leur trouvant une entiere difference elle lui dit que c'étoient des illusions ; à quoy le P. Girard lui répondit, vous avez un mauvais fonds ; & une autre fois ayant dit au P. Girard, qu'elle en avoit ri avec les personnes qui lui en parloient, en disant que c'étoient des illusions du Demon, le P. Girard lui dit qu'ayant scandalisé & calomnié, elle étoit obligée de reparer ses fautes, sans quoi il ne pouvoit pas lui donner l'Absolution, ce qu'elle tâcha de faire ; & en ayant rendu compte au P. Girard, en l'assurant que personne n'avoit été scandalisé, mais bien au contraire edifié du peu de croyance quelle avoit paru donner à ces extases, le P. Girard lui répondit, bien rira qui rira le dernier. Tout cela prouve donc invinciblement que le P. Girard n'avoit aucun doute sur la qualité des faits extraordinaires de la Cadiere ; & que quand il a été 18. mois à ses trouces, pour ainsi dire, ce n'étoit par pour y chercher l'éclaircissement de ces faits, mais les occasions de conrenter les desirs de son cœur enflamé.

Toutes ces raisons prouvent en même tems que ce n'étoit pas la Cadiere qui étoit agitée par la *fureur impie* de paroître Sainte : comme il dit, puisquelle ne vouloit tirer aucun avantage de ces prerendus prodiges, & qu'elle les cachoit ; le refus obstiné qu'elle faisoit par humilité d'écrire sa vie & ce Carême, & ces emplâtres qu'elle mit sur les stigmates au moment qu'elle s'en aperçût, que le Pere Girard lui fit dabord ôter, en lui reprochant son peu de courage & son peu de foy, & l'assurant que c'étoient de playes Divines, & des vrayes stigmates, qu'il baisoit avec veneration, comme il est prouvé par ses réponses, en font de belles preuves, & que c'étoit l'Accusé lui même qui avoit l'impie fureur de faire passer la Cadiere pour une Sainte, comme tout ce que nous venons de dire le prouve si bien, afin d'avoir la gloire d'en avoir fait une Sainte, & le plaisir d'en avoir fait une Maîtresse, en abusant de tout ce que la Religion a de plus saint & de plus respectable.

Il ne reste plus à l'Accusé que de dire que la Demoiselle Cadiere est une Fille de mauvaise vie ou une folle : il n'a pas encore osé le dire pour défense, quoique les Jesuites ayent eu le front, & la calomnie de le publier verbalement, & même par des Chansons pleines d'ordure, qu'ils ont affecté de répandre, dont la derniere fut jettée par deux Jesuites, à la Place des Prêcheurs le 6. du courans sur les quatre à cinq heures après midy, en présence de plusieurs personnes, qui la ramasserent, & qui après l'avoir luë la remirent au Défenseur de la Demoiselle Cadiere. Voilà une conduite digne des Jesuites ; nous nous contentons, qu'ant à present, de protester icy de nous pouvoir contre les Auteurs de ces ordurieres Chansons. Mais nous demandons à ces Calomniateurs de nous dire quel est l'homme qui a jamais aproché la Cadiere, si l'on en excepte son incestueux Seducteur ? Nous leur demandons de nous indiquer quelque anecdote de galanterie sur le compte de cette Fille ? Ils ont bien été en peine d'en indiquer aucune ; & quand des gens aussi hardis & aussi entreprenans qu'eux, sont forcez de garder le silence par écrit là dessus ; c'est une belle preuve de la vertu d'une Fille. Ses précedens Directeurs n'ont-ils pas deposé qu'elle a toûjours été jusqu'à la direction du Pere Girard, une Fille d'une regularité & d'une devotion exemplaire, & que le goût & l'amour de la devotion lui avoit fait refuser de Partys fort honorable ? Enfin tout Toulon ne publie-t'il pas tout d'une voix, la vertu de cette Fille, & la noirceur de l'attentat de son sacrilege Corrupteur ?

D

A l'egard de fa prétenduë folie. 1°. S'il faloit fupofer qu'elle fût auffi veritable qu'elle eft fauffe, cette circonftance n'augmenteroit-elle pas encore plus l'attrocité du crime de l'Accufé, puis qu'il fe feroit prévalu de la foibleffe d'efprit de fa Penitente pour en abufer & pour la corrompre? 2°. Où font les marques, où font les preuves de cette prétenduë folie fi démentie par la notorieté publique? Tous ceux qui l'ont vûë & qui lui ont parlé, feroient des Témoins irreprochables de la modeftie, de la juftefse & de la fagefse de fes difcours; & n'ont-il pas tous convenu qu'il étoit dommage qu'un fi bon fujet eût été gâté par celui qui devoit la conduire dans le chemin de la Vertu? La Cadiere, fous la Direction de l'Accufé, étoit une Sainte qu'il expofoit à la veneration publique, eft-elle devenuë fon Accufatrice? C'eft une Fille debauchée; c'eft une fole. Eft-ce ainfi qu'après lui avoit ravi fon honneur, il veut encore la faire paffer pour une proftituée, ou pour un efprit égaré? Voilà quelle eft la criminelle & l'étonante conduite d'un Jefuite coupable.

Au refte, c'eft une rufe toute Jefuitique, de dire qu'il n'a point de Copie de la Procedure, & de nous fommer de rendre celle que nous avons publique. Son motif eft bien évident; il n'a pû s'empécher de le dire lui-même. S'il avoit convenu d'avoir une Copie de la Procedure, d'abord qu'il auroit prérendu que la Cadiere avoit raporté dans fon Mémoire Inftructif: quelque dépofition d'une maniere peu exacte, il auroit falu qu'il eût raporté lui-même la dépofition pour faire voir ce qu'il y avoit été obmis d'effentiel, ou ajoûté, & d'abord qu'il fe feroit contenté de fe plaindre de quelque inexactitude, fans la prouver pas la teneur de toute la dépofition, Mrs. les juges & le Public auroient dit, c'eft un Criminel qui a la mauvaife foi de contefter la verité; il ne faut pas d'autre preuve de la fidélité des dépofitions raportées dans le factum de la Cadiere que l'impuiffance dans laquelle il eft de la convaincre d'avoir raporté un mot effentiel de plus ou de moins que la dépofition contient : Et comme il fçavoit bien que toutes les dépofitions raportées dans le Factum de la Cadiere, font precifément conformes à la Procedure, il a pris le parti de dire que s'il ne contefte pas les dépofitions raportées dans nôtre Factum, c'eft parce qu'il n'a pas une Copie de la Procedure; mais n'eft-ce pas là un excès de mauvaife foi de fa part?

1°. A qui veut-il perfuader que les Jefuites, qui regardent ce Procès comme fi important pour eux, qui le follicitent comme le Procès de la Societé, & qui employent les mêmes voyes que s'il s'agiffoit de la deftruction entiere de la Societé, tandis qu'il en pouvoient facilement fauver l'honneur par le défavû de ce Membre coupable, & tirer même par là une nouvelle gloire de fes crimes, n'ont pas une Copie de cette Procedure?

2°. N'eft-il pas de netorité publique qu'ils ont une Copie de toute cette Procedure? Qu'il avoit originairement la Copie de tout ce qui avoit été fait jufqu'à la premiere Defcente de Mrs. les Commiffaires du Parlement, & qu'ils ont fait copier tout le refte par des perfonnes, que nous ne ferions pas en peine de nommer? Nous offrons de prouver ce fait par une foule de Témoins irreprochable, & toutes les circonftances de cette tranfcription. Et la Copie que nous en avons nous-même, n'en eft-elle pas une preuve?

Enfin, il eft fi vrai que l'Accufé a une Copie de toute la Procedure, que par fon Factum, il a raporté la dépofition de plufieurs Témoins qui ne lui ont pas été confrontez, & dont il ne peut fçavoir la teneur & les termes que par le double de la Procedure qu'il a en main.

Au surplus, les Jesuites seroient bien fachez que cette Procedure fût renduë publique : Ils sçavent trop que le Factum de la Cadiere
ne raporte que la moindre partie des ordures & des infamies qu'ellé
renferme : Et ne donneroient-ils pas la moitié de l'Or de leur Parague
pour effacer tous les crimes & les horreurs dont elle contient les preuves ?

Voilà tous les faux-faits répondus dans le fait du Factum de l'Accusé,
qui pouvoient meriter quelque réponse, absolument détruits. Les autres
petites Fables, moins essentielles, dont il a embeli son Roman, ne meritent pas que nous alongions ce Memoire, pour les refuter.

Passons maintenant à l'examen des qualitez pendantes à l'Audience :
Et comme ce n'est que dans la vûë de jetter la confusion dans ce Procès que le Pere Girard a affectè d'intervetir l'ordre si naturel que nous
avons suivi dans nôtre precedent Mémoire, nous n'aurons garde de
suivre un si mauvais exemple ; mais auparavant nous croyons devoir
raporter ici l'Expedient que nous avons offert depuis nôtre premier Mémoire.

*Apointé est du consentement des Parties, oüy sur ce le Procureur Général
du Roy que la Cour a déclaré y avoir abus en la Procedure faite à la Requête du Promoteur en l'Officialité de Toulon, & de même suite faisant droit à l'Ap-
pellation de ladite Cadiere du Decret d'ajournement personel contre elle
taxé, & en tant que besoin aux Lettres Royaux de restitution par elle impetrées, & aux Apellations de Thomas Cadiere Dominicain, de François Cadiere Prêtre, de Nicolas de Saint Joseph Prieur des Carmes, de Decrets
contre eux randus, à mis icelles & ce dont est apel au neant, & par nouveau Jugement a déclaré lesdits Decrets nuls, & comme tels les a cassez &
casse, ensemble leurs reponses, recolement & confrontation & des temoins oüis
à la requête du Promoteur : Et faisant droit à lapel à minima de ladite
Cadiere du Decret d'assigné rendu contre ledit Girard, a commuë ledit Decret
en prise de corps; & en cet état ordonne que sur la Procedure prise par le Lieutenant, & continuée par ledits commissaires, le Procureur General & ladite
Cadiere poursuivront contre ledit Girard, ainsi qu'il apartient. Condamne ledit
Girard aux dépens, sauf aux Appellants d'agir pour leurs domages interêts
ainsi & contre qui il apartiendra.*

Quoique de toutes les qualitez pendantes à l'Audience, il n'y en ait
qu'une qui regarde le Pere Girard, qui est nôtre Apel *à minima* de son
Decret d'assigné ; & qu'à l'égard de toutes les autres, nous n'ayons
pour Partie que M. le Procureur General du Roy, neanmoins l'Accusé a affecté à l'Audience, & par son Factum de défendre, tant sur
nôtre Apel comme d'abus, que sur nôtre Apel simple de la Procedure, quoique nous n'ayons intimé à cet égard que M. le Procureur General du Roy. La raison d'une conduite si irreguliere, & si extraoidinaire est
bien sensible : Comme c'est lui qui, sous le nom du Promoteur, a fait
entendre ces faux Témoins, & ses propres Pénitentes stigmatisées pour
se procurer des faits justificatifs ou des objets, & que ce n'est que sur
ces faux Témoins que nous avons été si injustement décretez, il a crû
qu'il lui étoit très-impdrtant de faire tous ses efforts pour tâcher de
faire confirmer cette procedure, soit parce qu'elle est son ouvrage,
soit parce qu'il la regarde comme tout son espoir. Cette conduite de
sa part devroit suffire pour en faire sentir toute l'iniquité & la prévarication du Promoteur. Quoiqu'il soit ici non-recevable à contester sur
des qualités dans lesquelles il n'est point partie, & que nous peussions
mepriser tout ce qu'il à dit là dessus, comme venant d'une bouche qui

doit être fermée ; neanmoins nous en allons faire une refutation fommaire , fans préjudice de la fin de non - recevoir.

SUR L'APEL COMME D'ABUS.

PREMIER MOYEN.

Il eft fondé fur ce que l'Official n'a pas pû faire cette Defcente dans la Maifon de la Cadiere ; foit parce que par les Arrêts de Reglement il eft défendu aux Juges de faire aucun Accedit dans la Maifon d'autrui , fans une Information precedente ; foit encore plus, parce que l'Eglife n'ayant aucun Territoire , les Officiaux ne peuvent pas faire des Defcentes , fuivant la remarque de tous les Canoniftes François, & fur tout de Paftour en fon Traité *De Jurifd. Eccl.* liv. 1. tit. 4. n. 3. & les Arrêts raportez par Brodeau , fur M. Loüet, Lettre B. Som. 11. & par Boniface.

Le Pere Girard , qui affecte par tout de confondre les Moyens, les raifons & les regles, aplique au premier Moyen d'Abus des pretextes qu'il ne peut apliquer qu'au fecond ; & c'eft auffi à l'examen de celui - là que nous en renvoyons la refutation. Tous ceux qui peuvent avoir du raport à ce premier Moyen, font de dire que l'Arrêt rendu en la Caufe de Meffire Fouque , qui avoit fait défenfes aux Officiaux de faire des Accedits , a été revoqué par l'Arrêt du Confeil du 17. Juillet 1713. raporté au 7e. Tom. des Memoires du Clergé pag. 798. & qu'il faut faire une difference entre les délits privez & les délits publics.

Mais ces deux pretextes ne fçauroient être plus mal imaginez. Le premier, foit parce que l'Arrêt rendu en la Caufe de Meffire Fouque , n'a pas été revoqué par raport au Reglement qu'il contenoit ; mais feulement par raport aux autres Chefs, puifqu'on ne peut pas revoquer en doute que les Parlemens, depofitaires de l'Autorité du Prince , ne foient en droit de faire des Reglemens, même pour les Officialitez ; foit parce que quand il faudroit fupofer que ce Reglement n'eût jamais été fait, ne refteroit-il pas toûjours le fameux Arrêt de Reglement du Parlement de Paris , raporté par Corbin , & celui du Parlement de Provenee, raporté au 2. Tome de Boniface, qui défendent de pareils Accedits , & qui fuffiroient toûjours pour faire caffer celui-ci , comme nous l'avons prouvé , & qu'on n'ofe pas le contefter ?

2. Où à trouvé l'Accufé que ces Arrêts de Reglemens, faffent une diftinction entre les délits privez & les delits publics, & qu'ils permettent les Accedits dans la Maifon d'autrui, quand il s'agit d'un crime public ? Ainfi ce premier Moyen d'Abus demeure dans toute fa force.

SECOND MOYEN D'ABUS.

Il eft tiré de ce que l'Official a fait cet Accedit chez la Cadiere, qui eft une Perfonne Laïque, non jufticiable de l'Officialité , ce qui eft une entreprife & un attentat fur la Juftice Royale , & par conféquent un Moyen d'Abus infurmontable.

Il n'eft forte de mauvais pretexte que l'Accufé n'employe pour tâcher d'éluder ce Moyen ; tantôt il dit que ce n'eft pas comme Official que Meffire Larmadieu a fait cet Accedit , mais comme Grand Vicaire , & en Jurifdiction volontaire ; tantôt il dit que s'agiffant de faux miracles,

racles, d'obfeffion d'enchantement & d'exorcifme, qui intereffoient la Religion ; même à l'égard des Laïques , & que Defcombes part. 2. pag. 311. & fuivantes, raporte des pareils accedits ; tantôt que quand il auroit été queftion ici de la découverte des crimes commis, y ayant un corps de delic ; il falloit conftater le fait avant que d'informer ; tantôt que le Promoteur, qui eft la Partie publique , peut agir dans les crimes publics fans attendre la plainte de la Partie Civile, & tantôt que cet accedit chez la Cadiere, a caufé moins de fcandale que les accidents d'obfeffion qu'ell avoit eû dans la nuit du 17. au 18. Novembre.

Mais ce n'eft là qu'un tas de mauvaifes équivoques bien faciles a démêler & à détruire. Car 1°. N'eft-ce pas une mocquerie de dire que Meffire Larmadieu n'a fait cette Defcente que comme Grand-Vicaire, & en jurifdiction volontaire ; tandis qu'il a accedé à la requifition du Promoteur ; pris des Réponfes judiciaires de la Cadiere ; que le Promoteur a fait de ce Verbal d'accedit tout le fondement de fa Procedure ; demandé par fa Requête l'information fur tous les faits contenus dans ce Verbal , & que ce Verbal eft la premiere piece , & la piece fondamentale de toute la Procedure ?

2°. C'eft bien abufer ouvertement de tout, que de nous opofer ici Defcombes en l'endroit cité ; & pour en montrer l'inaplication, il fuffit de dire que cet Auteur raporte deux exemples de Procedures faites au fujet de Miracles , non-pas par un Grand-Vicaire, mais par l'Official en l'Archevêché de Paris, ce qui fuffiroit pour condamner ce pretexte : La premiere Procedure fut faite au fujet d'un accident extraordinaire arrivé dans le Couvent des Religieux Benedictins & des Religieufes Bernardines d'Argenteüil, que ces deux Couvent avoient declaré être un Miracle, & avoient chanté le *Te Deum* à ce fujet, & fait des Proceffions publiques à l'infçû de M. l'Archevêque de Paris ; pour raifon de quoi il fit faire une Procedure criminelle contre ces Religieux & ces Religieufes. Dans le fecond exemple, raporté par Defcombes, les Auguftins reformez du Couvent de la Reine-Marguerite de St. Germain des Prés, pretendant que Loüis Thierfault Jardinier avoit été guéri miraculeufement par Saint Feliciffime de Rome, dont le Corps étoit dans leur Eglife, ils prefenterent une Requête à M. l'Archevêque de Paris, pour demander qu'il fût informé fur les faits de cette guérifon miraculeufe , pour en conftater le Miracle en faveur de leur Saint : Mais quel raport peuvent avoir ces deux exemples à nôtre Caufe ? Dans le premier il s'agiffoit d'une entreprife faite par les Benedictins & les Bernardines d'Argenteüil fur l'Autorité de M. l'Archevêque de Paris, en déclarant un fait miraculeux fans fa participation : Et dans l'autre , il s'agiffoit de legitimer un Miracle à la Requête des Auguftins de St. Germain des Prez ; & dans tous les deux il étoit queftion de perfonnes Ecclefiaftiques, jufticiables de l'Officialité ; au lieu qu'ici la Demoifelle Cadiere eft une Laïque.

3°. Qui peut douter que l'accufation d'enchantement , d'obfeffion & même de fupofition de Miracles contre un Laïque, n'eft pas de la connoiffance de l'Official, mais feulement du Juge Royal, & même le Crime d'héresie, qui attaque bien plus directement la Foy & la Religion fuivant l'Art. 31. des libertez de l'Eglife Gallicane ? Fevret. Liv. 8. Chap. 2. Uanefpen *Jure Ecclef. Univ.* Part. 3. Tit. 4. & Paftour *de Jurifd. Ecclef.* Liv. 3. Chap. 3. & l'Ordonnance Criminelle. Tit. 1. Art. 11. ne met-elle pas l'Hérefie au nombre des Cas Royaux, dont la connoiffance eft attribuée aux Baillifs & Senechaux ? Et le Pere Girard le reconnoît si bien, ainsi qu'il soûtient que la Demoiselle Cadiere n'est point comprise dans la Requête du Promoteur.

4°. Il prête aparement ses idées à l'Official, quand il lui veut faire regarder la Cadiere comme le Corps du délit, & comme le Cadavre d'une personne assassinée.

5°. Nous convenons qne dans les grands Crimes le Vengeur public peut agir sans attendre le plainte de la Partie Civile ; mais que peut-on conclure de ce principe, si-non que si le Promoteur vouloit faire punir le Pere Girard des Crimes qu'il avoit commis sur la personne de sa Penitente, de quoi on ne le soubçonnera certainement pas, il pouvoit bien tout-au-plus donner une Requête en information contre lui, mais non pas faire acceder chez cette Fille ?

6°. C'est une dérision de venir dire que cet accedit chez la Demoiselle Cadiere, avoit causé moins de scandale que la scene des accidents de la nuit du 17. au 18. Novembre, comme si la realité des trois accidents d'obsession de cette nuit, n'étoit pas assez bien prouvée par la Procedure, & entre autres par les deux Curez.

Enfin cet accedit chez une Fille, est d'autant plus abusif, qu'il n'a eu pour objet que de la forcer par la Religion du serment à se diffamer elle même, & à manifester le mistere d'iniquité qu'il y avoit eu entre elle & son ancien Directenr. Et de quelle conseqnence ne seroit-il pas pour les Sujets du Roy d'autoriser des pareils accedits de la part des Juges d'Eglise, & de leur permettre de deshonorer les Familles par des descentes scandaleuses chez des Filles ? Les efforts que l'Accusé fait pour soûtenir cet accedit, sont une preuve qu'il l'a fait faire par un effet de cet aveuglement, dont Dieu frape les coupables qui ont rempli la mesure de leurs Crimes ; c'est donc lui qui a forcé son infortunée Penitente à manifester tous les Crimes qu'il avoit commis sur elle : Quoi de plus odieux !

TROISIE'ME MOYEN D'ABUS.

Il est fondé sur ce que l'Official a commencé sa Procedure par les interrogatoires qu'il a faits à la Demoiselle Cadiere, contre la prohibition des Ordonnances & l'ordre judiciaire.

A cela l'Accusé opose 1°. Que cet Accedit n'avoit eu pour objet, que de dresser un Procès-Verbal du corps du délit en Jurisdiction volontaire. 2°. Que l'interrogatoire dont il s'agit, n'est pas de la même nature que celui dont parle Fevret, parce que celui dont est question a été prêté par celle qui forme le corps du délit, & celui dont parle Fevret est prêté par l'accusé, ce qui forme une difference bien sensible : Et à l'Audience, encore plus hardi, il a ajoûte que ce n'est pas ici un interrogatoire, mais une exposition de la part de la Cadiere.

Le premier de ces prétextes vient d'être dérruit.

Le second est encore plus absurde : Car si suivant Fevret, la Procedure d'un Official, contre un Prêtre accusé, qui est son Justiciable, est abusive lors qu'il commence par interroger ce Prêtre, sans une information précédente, que sera-ce ici où l'Official a commencé sa Procedure par l'interrogatoire d'une Fille, qui n'étoit ni accusée, ni sa justiciable ? Aussi le Pere Girard l'a si bien reconnu ainsi, qu'à l'Audience il a fait soûtenir par son Defenseur que ce n'étoient pas là des réponses, mais une exposition que la Cadiere avoit fait contre lui.

Cette ressource est encore plus pitoyable, par deux raisons. 1°. Parce que ce font là des veritables réponfes : *Nous n'avons, pour le prouver,* qu'à en raporter le commencement & la fin : Voici le commencement. *Après avoir donné le ferment en tel cas requis , nous l'aurions interrogée : Premierement, fur fon nom, furnom, & fur fou âge, &c.* Et à la fin il eft dit : *Et ce fait ; lecture faite defdits interrogatoires & reponfes.* Doncques ce font là des veritables interrogatoires & réponfes, & par confequent nous en fommes au cas marqué par Fevret.

2°. Quand il faudroit fupofer pour un moment contre la teneur de la Piece, que ce fût là une expofition forcée que l'Official eût arrachée à cette Fille, l'abus en feroit encore plus criant ; Car outre qu'on ne peut forcer perfonne à agir, ni à accufer malgré foi, *Invitus agere vel accufare nemo cogitur,* comme dit la Loi Unique au Code, *Ut nemo invitus agere, vel accufare cogatur,* d'ailleurs qui pourroit, fans indignation, fuporter la conduite d'un Official qui iroit faire des Defcentes fcandaleufes chez des Filles, pour les forcer malgré elles, à fe deshonorer par des Expofitions ?

QUATRIE'ME MOYEN D'ABUS.

Il eft fondé fur ce que le Promoteur dans fa Requête de querelle, a compris implicitement la Demoifelle Cadiere par ces mots, *pour faire punir les coupables.*

L'Accufé opofe 1°. Que par le terme *de coupables,* le Promoteur ne peut avoir entendu que le Pere Girard, le Pere Cadiere, l'Ecclefiaftique, le Pere Nicolas & autres, qui étoient fes Jufticiables, & non pas la Cadiere, qui par fon expofition, loin de s'avouër coupable de quelque faute, prétendoit au contraire avoir été la feule victime des crimes commis par ces Prêtres.

2°. Que quand elle auroit été comprife dans la Requête du Promoteur, elle feroit devenuë Jufticiable de l'Official, parce que Fevret compare la Magie & les Sortileges à l'Herefie, & que le Juge d'Eglife connoît du Crime d'Herefie, même contre les Laïques.

Nous venons de montrer la fauffeté de ce fecond pretexte, même par l'autorité de Fevret, liv. 8. ch. 2. n. 3. qu'on nous opofe aparemment, fans l'avoir lûë, & les Ordonnances qu'on cite, ne parlent que des Sacremens ; tant il eft vrai que le Pere Girard n'eft pas plus exact dans les Citations, qu'il l'eft dans les Faits.

A l'égard de l'autre pretexte, il ne fçauroit être plus frivole ; foit parce que comment veut-on que le Promoteur eût prétendu embraffer dans fa Requête de querelle le Pere Cadiere, l'Ecclefiaftique & le Pere Nicolas, & qu'elle eût prétendu par fon expofition d'avoir été la victime de tous ces Prêtres, tandis qu'elle n'a jamais accufé que le Pere Girard ? Et à quel titre veut-il affocier ces autres Prêtres à fes crimes ? Enfin, il eft fi vrai que le Promoteur a prétendu comprendre la Cadiere dans fa Requête, que fon principal objet a été de l'incriminer. Et en effet, c'eft fur les faux Témoins qu'il a produits qu'elle a été fi injuftement decretée.

CINQUIE'ME MOYEN D'ABUS.

Il confifte en ce que le Prometeur n'a fait entendre des faux Témoins que pour éluder la jufte plainte de la Cadiere & l'oprimer, & pour procurer au Pere Girard des faits juftificatifs dès le commencement du Procès.

L'Accufé opofe 1°. Qu'il doit refulter de la Procedure que les prmieres Témoins ont été oüis à la Requête de la Cadiere : Ainfi le Promoteur ne s'eft point hâté d'en faire entendre pour procurer au Pere Girard des faits juftificatifs. 2°. Que la jonction d'une Partie civile ne peut pas arrêter le cours du miniftere Public. 3°. Que les Penitentes du Pere Girard étoient devenuës Temoins neceffaires. 4°. Qu'ils n'ont été oüis fur aucuns faits juftificatifs.

Mais ce ne font-là que des mauvaifes équivoques. Quoi ! Parce que les deux premiers Temoins ont été oüis à la Requête de la Cadiere, & les deux fuivans, qui font deux Penitens ftigmatiféc du Pere Girard, à la Requête du Promoteur, & en continuant fur le même pied, eft-il moins vrai que le Promoteur n'a penfé, dès le commencement du Procès, qu'à procurer par des faux Temoins des faits juftificatifs à l'Accufé ?

2°. C'eft parler pour parler, que de venir dire que la Partie civile ne peut pas arrêter le cours du miniftere Public. Car qui eft-ce qui contefte cela ? Mais auffi le miniftere Public ne doit pas fe proftituer & procurer l'impunité des Crimes, au lieu d'en pourfuivre la vengence.

3°. Nous ferons voir, en traitant la fubornation, que c'eft fe moquer de la Juftice d'ofer foûtenir que l'Accufé, fous le nom du Promoteur, peut faire depofer en fa faveur fes propres Penitentes ftigmatifées & les complices de fes defordres. Enfin, de quel front ofe-t-il dire que ces Temoins produits par le Promoteur, n'ont pas eu en vûë de lui procurer des faits juftificatifs, tandis que toutes leurs depofitions ne roulent preçifément que fur cela ?

DERNIER MOYEN D'ABUS.

Il eft fondé fur l'opreffion que l'Official & le Promoteur ont exercée contre la Demoifelle Cadiere.

L'Accufé convient que l'opreffion eft de tous les Moyens d'Abus le plus fort ; & par une fauffeté d'idées qui lui eft propre, il va detourner cette opreffion fur l'ordre d'enfermer la Demoifelle Cadiere dans un Monaftere, & fur la maniere dont elle a été traduite, tandis que nous ne donnons ici pour Moyen d'Abus, que l'opreffion que nous avons foufferte de la part de l'Official & du Promoteur, dont tous les pas & toutes les demarches qui n'ont abouti qu'à nous incriminel, qu'à nous oprimer, & à fauver le coupable font des preuves.

Ces Moyens d'Abus entraînent non-feulement la procedure faite à la Requête du Promoteur, mais encore tout ce qui a été bâti là deffus, comme font les Décrets, Réponfes, Récollemens & Confrontations de la Cadiere, de fes Freres & du Prieur des Carmes, & encore le Récollement & la Confrontations des Témoins oüis à la Requête du Promoteur, puifque tout cela n'eft fondé que fur la procedure de celui-cy, fans que cela puiffe donner aucune atteinte à la procedure faite par le Lieutenant à la Requête de Cadiere, & fur laquelle le Pere Girard a été decreté, parce que ce font là deux procedures independantes, comme nous l'avons prouvé à la page 21. de nôtre premier Memoire par des raifons qui font demeurées fans réponfe.

SUR L'APEL SIMPLE DE LA DEMOISELLE CADIERE.

Comme la feconde nullité fondée fur ce que le procès extraordinaire

dinaire a été ordonné par deux Jugement differens, & la quatriéme, fondée fur ce que les Témoins confrontez aux Freres Cadiere & au Prieur des Carmes, ont été recollez avant que le Procès extraordinaire eût été ordonné à leur égard, alloit à faire caffer tout le Procès extraordinaire, & que la cinquiéme nullité fondée fur ce que de 75. Témoins qui chargent le Pere Girard, il ne lui en a été confronté que 37. pour nous priver de la preuve des autres, ne pouvoit être confommée que par le Jugement des Objets qui n'ont pas été jugez, & ne tombe qu'en imperfection de procedure, & en procedure à faire, nous nous en fommes depaitis par nôtre Expedient; ainfi il ne nous refte qu'à rapeller fommairement les deux autres, qui font la premiere & la troifiéme.

PREMIERE NULLITE'.

Fondée fur ce qu'on a obligé la Cadiere à répondre dans le tems qu'elle étoit encore dans fes delais. A cela l'Accufé opofe. 1°. Que la Cadiere avoit le choix ou d'ufer de fes delais, ou de repondre plûtôt, & qu'elle a requis verbalement Meffieurs les Commiffaires de fe porter au Couvent où elle étoit detenuë. 2°. Parce qu'ils ont accedé à ce monaftere enfuite du Comparant que M. le Procureur General du Roy leur a tenu. 3°. Qu'elle n'a pas refufé de répondre·

Mais tous ces pretextes ne fçauroient être plus frivoles. Car, 1°. Dans le Couvent où elle étoit detenuë, fi devoüé aux Jefuites, & où elle étoit fi peu libre, a-t'elle eu la liberté de refufer de répondre ? Mais cela fuffit-il pour la validité de fes réponfes ? Et puifqu'elle avoit le choix ou d'ufer de fes delais, ou de répondre plûtôt, ne faloit-il pas neceffairement qu'elle renonçât à fes delais, & qu'elle requit elle-même fon audition ? Auffi il le reconnoit fi bien, qu'il fe retranche à dire, qu'elle en a fait une requifition verballe à Meffieurs les Commiffaires; mais depuis quand les Procedures fe font-elles fur des pretenduës requifitions verbales & où en eft la preuve ? à l'égard du prétexte qu'il ajoûte que Meffieurs les Commiffaires n'ont accedé au Monaftere, qu'enfuite d'un Comparant qui leur a été tenu par M. le Procureur General, n'avons nous pas fait voir dans nôtre premier Memoire page 21. par des raifons aufquelles on n'a fçû que repondre l'inutilité de ce Comparant ? Ainfi cette premiere Nullité demeure dans toute fa vigueur, & elle eft d'autant plus favorable, que la précipitation de fes reponfes, n'a eu d'autre objet que de favorifer l'Accufé.

TROISIE'ME NULLITE'.
Qui eft la feconde de celles qui fubfiftent.

Elle eft fondée fur ce que la confrontation mutuelle de la Cadiere avec le Pere Girard a été faite avant que tous les Temoins euffent été recolez & confrontez.

Pour éluder cette Nullité l'Accufé a dit. 1°. Que l'Ordonnance n'a pas decidé que la confrontation mutuelle ne peut être faites qu'après celle des Temoins.

2°. Que l'Art. 12. du tit. 15. de l'Ordonnance, ayant ordonné que les confrontations feront mifes à un cayer feparé, cela prouve que la confrontation mutuelle peut être faite avant ou après celle des Temoins. 3°. Que la Cadiere ayant varié dans fes reponfes, fa confrontation mutuelle devenoit par là neceffaire, pour mieux éclaicir la verité de fes reponfes.

Mais ces raifons fi alambiquées ne fçauroient fauver cette Nullité,

Car 1. L'Ordonnance Criminelle au tit. des recolemens & confrontations n'a-t'elle pas assez decidé que la confrontation mutuelle ne seroit
faire qu'après la confrontation des Temoins, par cela seul qu'elle a ordonné la confrontation des Temoins avant la confrontation mutuelle,&
qu'elle n'a ordonné celle-ci que par l'Art. 23. tandis que l'autre est or-
donnée par les Articles precedents? Et qui peut douter que l'ordre de l'é-
criture *servari debet*? Mais enfin s'il faloit supofer contre la verité, qu'il
y eût quelque doute là dessus, sur le pied de l'Ordonnance, la raifon
& l'ufage inviolable du Palais, n'en auroient-ils pas fixé l'interpretation
Et a-t'on jamais vû qu'ont ait procedé à la confrontation mutuelle, fans
avoir recolé & confronté les Temoins?Nous deffions hardiment l'Accufé
de nous en pouvoir citer aucun exemple.

2o. C'est une confequence bien peu conforme au regles de la Dialec-
tique, dont les Jefuites fe piquent tant, de conclure que l'Ordonnance
ayant ordonné que les confrontation feront mifes en cayer feparé, il s'enfuit neceffairement qu'on peut proceder à la confrontation mutuelle avant
que d'avoir fait la confrontation des Temoins.

Ce n'est pas raifonner plus jufte que de dire que la Cadiere ayant varié dans fes reponfes, cela rendoit la confrontation mutuelle neceffaire ;
car qu'elle eût varié ou non, la confrontation mutuelle devoit fe faire :
Mais s'enfuit il de là qu'il falût la faire fur le champ, & avant la confrontation & méme avant le recolement de la plûpart des Temoins? on voit
bien l'injufte motif de la precipitation de cette confrontation mutuelle
fi irreguliere, & qu'elle pareit de la même caufe que la variation ; mais
c'est precifement ce qui doit la faire caffer.

L'Accufé qui veut repandre fur tout cette confufion d'idées qu'il affecte, dit qu'il ne comprend pas comment la Cadiere l'entend, quand elle
dit qu'elle n'ataque que la Procedure faite contre elle. Car, dit-il, la plainte de M. le Procureur General a été dirigée contre tous les Coupables &
les Complices du corps du delit commis, ce qui renferme la Cadiere, fes
freres, le Pere Nicolas, le Pere Girard & autres qui peuvent avoir eu part
au delit, quel qu'il puiffe être. La Procedure, continuë-t'il prife fur cette
plainte, & fur toutes celles qui avoint été portées avant l'Arrêt du Confeil qui en atribuë la connoiffance à la Grand-Chambre du Parlement,
doit donc regarder toux ceux qui peuvent être coupable, des crimes
commis, & qui réünis enfemble forment le corps du delit ; ainfi comment
la Cadiere veut-elle feule être feparée du nombre des Coaccufez, & faire
caffer la procedure par raport à elle & la laiffer fubfifter par raport aux
autres? Ce fiftême de deffenfe est incomprehenfible, laiffons à fon Deffen-
feur le foin de l'éclaircir. Ce fent les termes de l'Accufé.

Pour rendre fenfible le fiftéme de la Cadiere à quiconque voudra l'entendre, il fuffit d'oferver. 1o. Que l'Arrêt du Confeil qui a attribué la connoiffance de cette affaire à la Grand-Chambre en premier & dernier reffort
porte expreffement & uniquement que le Procès fera fait & parfait au
Pere Girard, à la pourfuite de M. le Procureur General du Roi, & à la
diligence de la Cadiere ; & que ni M. le Procureur General du Roi, ni aucun autre n'a jamais formé aucune accufation contre-elle, & que fi elle
a été decretée, elle ne l'a été que fur les faux Temoins produits par le Promoteur.

2o. Que d'abord que l'Apel comme d'abus fait tomber la Procedure du
Promoteur, & rejetter les Témoins par lui produits. il s'enfuit que le Decret d'ajournement rendu contre elle, qui n'a pas d'autre fondement,doit
être caffé, & que la caffation de ce Decret entraîne celle de fes réponfes,

de fon recolement & de fa confrontation mutuelle , fans que cela donne
aucune atteinte à la Procedure faite à fa Requête contre le Pere Girard :
Il eft bien vrai que fi nous avions infifté à la feconde & à la quatriéme
nullité , & que la Cour y eût eu égard , Elle auroit caffé tout le Procès
extraordinaire , tant à l'égard du Pere Girard que des autres ; mais pour
ne donner aucune atteinte à la Procedure qui a été faite contre lui , &
pour ne pas éloigner le Jugement , nous nous fommes departis par nôtre Expedient de ces deux nullitez. Voilà cette énigme bien-tôt éclair-
cie : Nous ne fçavons pas fi cela fuffira pour diffiper toutes les obfcuritez
que le Pere Girard affecte ici ; mais nous fçavons bien au moins que
Meffieurs les Juges & le public le trouveront fort clair & fort intelligi-
ble.

SUR LES LETTRES ROYAUX.

L'Accufé a dit qu'elles étoient injuftes. 1°. Parce que la Cadiere en avoit
été deboutée tacitement par l'Arrêt du mois d'Avril, qui l'avoit deboutée
de la Requête qu'elle avoit donnée pour demander la reïteration de fes
reponfes fur le fondemens qu'elles étoient l'effet d'un breuvage & de la
violence. 2o. Puifque le Pere Girard ne peut pas revenir de fes avûs, pourquoi veut-on qu'elle revienne des fiens ? 3o. L'expofition de la Cadiere ne
faifant aucun degré de preuve, n'étant même apuyée que fur des faits extraordinaires aufquels il manque même la vrai-femblance, il ne doit pas
paroître fuprenant que par fes reponfes elle ait abandonné des idées qui
n'étoient foûtenuës d'aucune preuve. 4°. Qui a jamais entendu parler
d'un Breuvage indicatif qui puiffe avoir l'effet de diriger & de regler les
reponfes que l'on doit faire à des interrogatoires ? 5o. Quelle eft la nature de violence qui a été exercée fur elle? Elle n'allegue même que des
faits de contrainte pofterieurs à fes reponfes qui ne peuvent avoir un effet retroactif. 6o. Elle aperfevere dans fes avûs , depuis le 27. Février
jufqu'au 10. Mars. 7o. Peut-on ferieufement donner pour preuve de cette
contraire la retractation qu'elle a faite de fes avûs ? Et a-t-on jamais
vû entiere criminelle qu'on ait été reçû à prendre des Lettres de
reftitution ?

Si le Pere Girard étoit moins convaincu de tous fes crimes, il n'auroit eu garde de reclamer à fon fecours une variation qui fournit contre luy une nouvelle conviction, & qui eft pour luy un nouveau crime,
pour fe procurer l'impunité des premiers ; auffi tous les pretextes qu'il emploit fe reffentent du principe dont ils partent. La Cadiere avoit demandé par une Requête des nouvelles reponfes & une nouvelle coufronta-
tion ; & parmi tant d'autres raifons inconteftables , elle avoit ajoûté
que cette variation étoit l'effet d'un breuvage, des violences & des menaces qui lui avoient été faites, & elle avoit protefté de tous fes droits ;
par un Decret du mois d'Avril dernier, elle fut deboutée de cette Re-
quéte ; & le 19. May fuivant , elle a impetré furabondemment & en
tant que de befoin des Lettres Royaux de reftitution envers cette variation. Depuis quand les Arrêts qui font *firictiffimi juris*, s'étendent au-
delà des qualitez fur lefquelles ils ont ftatué ? Lors de ce Decret il n'étoit
queftion que d'une demande en nouvelles reponfes & en nouvelle confrontation mutuelle : Ces Lettres Royaux n'avoient pas même encore
été impetrées, & elles ne l'ont été enfuite qu'un mois après, & ce Decret
du mois d'Avril aura ftatué fur une qualité qui n'avoit pas encore été in-
troduite & qui ne l'a été qu'au mois de May fuivant. Quelle abfurdité ,
2o. Il y a bien telle difference entre les avûs faits par le Pere Girard &

& ceux qu'on a fait faire à la Cadiere par cette variation. Le Pere Girard eſt un majeur de cinquante ans , qui n'a avoüé que la moindre partie des crimes dont il eſt convaincu par la Procedure ; ainſi il ne peut pas les traiter d'avûs erronez. La Cadiere au contraire eſt une Fille mineure , qui étoit deſtituée de tout conſeil , & à qui on a fait faire des avûs évidemment faux & dementis par la Procedure & par les avûs de l'Accuſé. Quelle comparaiſon peut-on dónc faire entre ces deux ſortes d'avûs ?

3o. Bien loin que les faits contenus dans l'expoſition de la Cadiere ſoient tous extraordinaires & deſtitüez de toute preuve & même de vraiſemblance ; au contraire elle renferme un grand nombre des fait très-naturels & très-phiſiques , comme ſont tous les faits d'impudicité ; mais encore tant ces faits que les faits extraordinaires ſont prouvez par un très grand nombre de Temoins , & même par les Lettres & les avûs de l'Accuſé.

4o. Nous ſçavons qu'un Breuvage n'eſt pas indicatif;mais nous ſçavons encore mieux qu'une peiſonne qui ſans cela n'auroit pas été capable de faire une variation, en devient très-ſuceptibile par un pareil Breuvage, & qu'alors les violences & les menaces achevent ce que le Breuvage n'a que commencé , & on fait dire à cette perſonne tout ce qu'on veut.Or ce Breuvage qui fut donné à la Demoiſelle Cadiere le 27. Février par la Sœur Guiol qui la ſervoit, fille de la Guiol, fameuſe confidente dé l'Accuſé , ne peut pas être revoqué ici en doute : il eſt notoire qu'il jetta dabord cetie Fille dans un ſi grand étourdiſſement de ſes ſens, qu'elle ne reconnut pas ſa propre Mere, ni le Sieur Artiques ſon couſin, & qu'il lui fit enfler extrêmement la bouche & la lui fit devenir noire ; nous offrons d'en raporter la preuve : Et ſa Mére par une Requête n'en demanda-t'elle pas dabord l'information, & que par un Seigneur Commiſſaire il fut pris des reponſes de cette File pour conſtater l'état de ſon eſprit, & que par des Medecins , il fut procedé en ſa preſence à un raport pour ſçavoir dans quel état ſe trouvoit l'eſprit de cette fille & quelle en étoit la cauſe ? Et le jour de ce Breuvage eſt preciſemént celui de la variation de la Demoiſelle Cadiere.

5o. il faut bien aimer la ſupoſition & le menſonge¡ pour dire que la Cadiere n'allegue des faits de contrainte que poſterieurs à ſes reponſes, tandis qu'elle a toûjours ſoûtenu que cette violence & ces menaces lui avoient été faites le 27. Fevrier, jour du Breuvage & des reponſes qui contiennent cette variation , & que deux jours après ayant voulu la revoquer , elle en fut empéchée par des nouvelles violences & menaces qui durerent juſqu'au 10. Mars qu'elle en fit la revocation, & ſi l'Accuſé n'a pas vû, à ce qu'il dit que la Juſtice ait jamais reçû de pareilles lettres de reſtitution, c'eſt parce qu'il n'a pas tout vû, & ſi les exemples n'en ſont pas ſi frequents, c'eſt parce que de pareilles choſes n'arrivent guere que dans des Procès de Jeſuites ; il ne manque pourtant pas d'exemples de reſtituttonis accordées à des Filles mineures,non-ſeulement pour des variations en matiere criminelle , mais même pour des departemens en matiere d'expoſition ; temoin le fameux exemple de la Dame de Saint Clement. Voilà tous les pretextes oppoſez par l'Accuſé entierement detruits,mais ajoûtons encore quelques brieves reflexions qui ne laiſſeront ici aucun doute.

La premiere ſe tire de ce qu'il n'eſt pas permis de douter que cette variation n'eſt que l'effet du Breuvage , des violences & des menaces faites à la Demoiſelle Cadiere , & qu'elle ne peut pas partir de ſa libre
volonté.

volonté. 1o.Parce qu'il eſt prouvé que dans tous les tems les Jeſuites &
ceux qui les favoriſent , ont tenté de faire retracter cette Fille ; qu'on a
employé pour cela le refus des Confeſſeurs prouvé par les Comparans;
la ſcene de Meſſire Berge pour l'obliger de faire un département , &
qu'autrement il ne pouvoit pas la confeſſer , comme il eſt prouvé par
ſa dépoſition ; les mauvais traitemens qui luy ont été faits , tant dans
le Couvent des Urſulines de Toulon, qn'à celuy d'Ollioules , où elle
fut miſe dans une Chambre puante, ou il n'y avoit pour tous Meubles
qu'une poignée de Paille à moitié ponrrie ; & la Lettre anonime que
les Jeſuites luy firent remettre d'abord qu'elle fut au ſecond Monaſtere de la Viſitation d'Aix, pour luy perſuader de faire une nouvelle
retractation.

2o. Le lieu où cette variation a été faite , puiſque le Couvent des Vr-
ſulines de Toulon eſt abſolument dévoüé aux Jeſuites ; la Dame de Gerin qui en eſt la Superieure eſt la Sœur d'un Jeſuite fort accredité dans
cet Ordre , la Penitente actuelle de l'Accuſé qu'il a non-ſeulement fait
entendre en Temoin , mais encore il luy a fait écrire une longue Lettre pline de ſupoſitions , & dont toute la teneur prouve qu'il l'a dictée luy-même : La plûpart des Religieuſes de ce Couvent ſont auſſi ſous
la Direction de l'Accuſé , & ſur tout la Sœur Guiol qui ſervoit la Cadiere , & la Dame de Cogolin à laquelle il a fait joüer tout à la fois
& le rolle de Temoin ſuborné , & celuy de ſubornatrice par la Lettre
qu'il luy fit écrire à la Dame de Beauſſier la Cadette. Tout cela ne
montre-t'ils pas combien ce lieu étoit ennemi à la Cadiere & à la
verité ?

3o. Outre que la revocation de la variation reçüë par Meſſieurs les
Commiſſaires indique aſſez les auteurs de ces violences & de ces menaces , d'ailleurs la Cadiere a toûjours proteſté qu'elle les nommeroit
lorſque la Cour le luy ordonneroit. Elle eſt ſous la main de la Cour ;
Elle n'a quà l'interroger ; Elle n'a qu'à interroger Me. Tamiſſer , qui
eſt inſtruit de plus que du fait de la ſortie dont l'Accuſé a déja convenu
à l'Audience , quoi qu'il ne l'ait pas voulu faire par écrit dans ſon Factum , & la Cour verra quelle a été la cauſe de cette variation.

La ſeconde reflexion eſt que comment veut-on que cette variation
puiſſe être l'ouvrage de la libre volonté de la Cadiere , puiſqu'elle eſt
évidemment fauſſe & démentie par toute laProcedure, par les Lettres
& les propres avûs de l'Accuſé , puiſque tandis qu'on luy fait dire par
là qu'il ne s'eſt rien paſſé entr'elle & luy que de pur , de modeſte & de
ſaint , il eſt convaincu de toute ſorte d'infamies, & de tous les crimes
dont il eſt accuſé ?

Enfin , n'eſt-ce pas une maxime conſtante au Palais que quand une
Querellante a varié, ou même fait pluſieurs Expoſitions, pour ſçavoir
celle qui doit être ſuivie, il faut les comparer à la Procedure , ſuivre
celle qui lui eſt conforme,& rejetter celle qui eſt dementie par les char-
ges , parce que l'Expoſition, & le langage d'une Querellante , n'eſt que
pour indiquer le crime & le Criminel & que les juges ne peuvent
ſuivre que les preuves qui reſultent de la Procedure,juſques là que quand
il s'agit de crimes publics comme ici,le departement de la Partie civile
n'eſt pas un tittre d'abſolution pour le Coupable , & le Vengeur public
eſt obligé d'en continuer la pourſuite, ſuivant l'Ordonnance Criminelle
Tit.25.Art.19.Toutes ces raiſons montrent la juſtice de l'enterinement de
nos Lettres Royaux , mais on peut dire que ces Lettres Royaux ſont abſolument ſurabondantes ici & ſuperfluës,par deux raiſons inconteſtables.

G

La premiere,parce que cette variation n'exifte plus,& a été revoquée & anéantie par la revocation judiciaiaire que la Cadiere en fit avec ferment le 10.Mars qui a été reçûë par Meffieurs les Commiffaires, qui n'eft point attaquée, & qu'elle a confirmée lors de fa confrontation mutuelle, tant avec fes Freres, qu'avec le Pere Carme.

Et la feconde fe tire de ce que la caffation du Decret d'ajournement perfonel rendu contre la Cadiere, entraine neceffairement fes reponfes, fon recolement, fa confrontation qui contient fes faux avis, & cela fans avoir befoin du fecours des Lettres Royaux. Paffons maintenant à l'Apel *à minima* du Decret d'affigné du Pere Girard ; & comme il depend de la conviction des crimes dont il eft accufé, voyons fi ce qu'il a opofé dans fon Factum peut affoiblir les preuves qui font établies dans le nôtre.

Nous ne rapellerons plus ici l'Enchantement, foit par ce que tout ce que l'Accufé a fait dire là deffus à l'Audience & dans fon Factum, ne peut donner aucune atteinte, ni aux principes établis dans le nôtre, ni à la realité des faits prouvez par la Proceduré, & par fes propres avûs;foit parce que comme il reproche mal à propos au Prieur des Carmes d'avoir fait des Exorcifmes fans neceffité, nous laiffons à fon Défenfeur le foin de repondre aux vaines raifon que le Pere Girard a opofées contre ce chef d'acufation,& qui font fi foibles qu'elles ne meritent certainement pas de reponfe.

SUR LE QUIE'TISME.

L'Accufé opofe d'abord, qu'un Homme ne peut pas être tout-à-la fois Sorcier & Quietifte : Que le Sorcier ne fuit pas une erreur particuliere comme le Quietifte, mais qu'il les embraffé toutes & ne croit même rien,& qu'il trouve dans fon Art des moyens prompts & certains pour parvenir à fon but, fans avoir befoin du fecours des exhortations. Il eft furprenant que le Querellé affecte de parler avec fi peu de juftelfe de deux Arts, qu'il poffede fi bien, & de confondre même l'Enchanteur avec l'Athéc.Nous convenons que le Quietifme, purement fpirituel, dont la perfection confifte dans l'aneantiffement de toutes les facultez dé l'ame, dans fa pretenduë transformation en l'effence Divine où elle croit s'abimer & fe perdre, & dans l'oubli de toutes les autres Creatures & d'elle-même, n'eft guere compatible avec la curiofité, la cupidité & l'agitation de la Magie.Un pareil Quietifte abforbé par une contemplation paffive qui le rend inanimé & infenfible, n'eft pas capable de devenir Sorcier ; ni un Homme qui pour fatisfaire plus facilement toutes fes tumultueufes paffions, s'eft lié au Demon par un Pacte, n'eft pas propre à tomber dans l'inaction generale de ce Quietifte. Mais le Quietifme *groffier*, pour emprunter ici les expreffions de l'Accufé le Quietifme charnel, qui fous le faux pretexte d'une union avec Dieu, autorife la pratique de tous les vices, eft-il incompatible avec le Sortilege ? Un tel Quiétifte, livré à tous les defirs dereglez de fon cœur corrompu, n'a-t-il pas naturellement befoin du fecours de l'Enchantement pour les fatisfaire, & fur tout quand la nature lui a refufé fes charmes, qui font un enchantement naturel dans ceux qu'elle a ornés de fes graces ?

Or ici s'agit-il du Quietifme purement fpirituel, cu du Quietifme groffier ? Ce premier Quietifme fi metaphifique, eft-il de nôtre fiecle?

Eſt-il le partage de l'Homme ſenſuel & charnel ? Le Pere Girard eſt-il convaincu de s'être abîmé dans une contemplation paſſive de Dieu ; d'y avoir oublié toutes les Creatures ; de s'y être oublié lui-même, & d'avoir enſeigné cette ſcience à ſes Penitentes ? Ou bien d'avoir oublié Dieu dans la contemplation active des charmes de ſes Devotes, & ſur tout de la Cadiere ; de s'être enivré ſans remord de toutes les delices de la volupté, ſous pretexte d'une fauſſe union avec Dieu, & de leur avoir enſeigné cette pernicieuſe erreur, qui, ſous ce faux pretexte, diſpenſe de la Priere vocale, de l'exercice de toutes les Vertus Chrêtiennes, & canoniſe tous les dereglemens des mœurs ? Ces parties de plaiſir qui leur permet-toit, la communion journaliere ; ces Lettres enflamées qu'il leur écrivoit; ces viſites frequentes à porte fermée ; ces embraſſemens & ces baiſers ; l'examen des ſtigmates & des cottes de la Cadiere, dont il étoit le con-templateur & l'admirateur continuel; tout cela ne montre-t-il pas bien la qualité de ſon Quietiſme, & s'il eſt incompatible avec l'Enchante-ment ? Enfin, ils les ſont ſi peu, qu'il les reünit tous deux en ſa perſon-ne, & qu'il eſt également convaincu de l'un & de l'autre.

Le Querellé dit qu'il y a deux ſortes de Quietiſmes, un purement ſpi-rituel & un autre tout groſſier. Nous nous attendions à les lui voir de-finir, & enſuite tâcher de perſuader qu'on ne peut lui imputer ni l'un ni l'autre. Mais il nous avertit, *qu'il n'a garde de developer diſtinctement en quoi conſiſtent l'un & l'autre Quietiſme, & qu'il n'y a qu'une Plume accoû-tumée à ſe ſoüiller par le recit des plus honteuſes ordures qui oſe entrepren-dre d'expliquer au long des erreurs qui devroient être ignorées de tout le monde.*

Que ce raiſonnement eſt peu judicieux, on peut même dire peu ſen-ſé ! Avons nous employé dans la definition du Quietiſme des expreſſions contraires aux regles de la modeſtie & de la pudeur ? Ou veut-il dire par là qu'on ne peut pas parler de ſon Quietiſme qu'on ne preſente à l'imagination les idées les plus capables de la ſalir ? La Plume du grand Evêque de Meaux, celle du fameux Dupin, celle du judicieux & deli-cat la Bruyere, & de tant d'autres ſçavans qui ont fait de ſi belles anna-liſes du Quietiſme, étoient-elles accoûtumées à ſe ſoüiller par le recit des plus honteuſes ordures? Et tous ces grands Hommes qui ont fait l'admi-ration de la France, ont-ils craint qu'en expliquant les Maxime du Quie-tiſmes, le Public ne fût tenté de les embraſſer ? Il n'y a que l'Accuſé & ſes ſemblables qui ſoient expoſez à un pareil riſque : Les Regles de l'Art Oratoire, dont les Avocats ſe piquent pourtant moins que les Jeſuites, quoique ceux-ci n'excellent pas toûjours, ne veulent-elles pas qu'on com-mence par definir le ſujet que l'on doit traiter ? Et n'avons nous pû ſui-vre cette Regle, ſans nous expoſer à leur injuſte cenſure ? Aprés tout, convenoit-il a des Plumes infectée de parjure, de ſimonie, de ſa-crilege & d'inceſte, de venir reprocher à la nôtre qu'elle eſt accoûtu-mée à ſe ſoüiller par le recit des plus honteuſes ordures ? Nous deman-dons à l'Accuſé de nous citer quelque exemple de la coûtume qu'il nous impute ? Si nous l'avons ſoüillé dans ce Procès, il doit ſe repro-cher d'en avoir fourni la matiere, & de nous y avoir forcé. Ceux qui jugent ſainement des choſes, nous ont rendu plus de juſtice, & en ont porté un jugement bien opoſé.

Après cela l'Accuſé fait l'inutile éloge de ſa direction, & reclame pour toute juſtification le temoignage de ſes penitentes actuelles ſtig-matiſées, & les complices de ſes deſordres, comme il eſt ſi bien prouvé par la procedure. Mais quel avantage peut-il tirer d'un temoignage fi fufpeçt, & qui porte le caractere de la fubornation & de l'impofture, puifque tandis que fes Penitentes avoient avoué dans un tems non fufpeçt devant des perfonnes qui en font des temoins irreprochables, qu'il les nourriffoit dans les Maximes du Quietifme; qu'un feul regard vers Dieu fuffit; que l'union avec Dieu n'a plus befoin de Priere vocale, & qu'il fuffit qu'on foit uni avec lui, pour qu'on puiffe contenter tous fes defirs fans peché, il leur a fait depofer qu'il leur ordonnoit des Prieres continuelles; qu'il leur en ordonnoit tant pour penitence, que les jours entiers ne fuffifoient pas, & qu'il leur faloit emprunter une partie de la nuit pour les achever, & qu'il leur donnoit même l'Office de la Vierge à dire tous les jours, fans difpenfer de cette rigoureufe regle, la Guiol fa fameufe confidente? Y a-t-il là de la vrai-femblance? A qui veut-il perfuader que des Femmes, que des Filles d'Artifans qui avoient befoin de travailler tout le jour n'étoient occupées qu'à des Prieres & à la recitation de l'Office de la Vierge? Tout cela n'eft-il pas dementi par la notorieté publique? La Lettre de la Guiol du 30. Août ne prouve-t-elle pas même qu'il l'occupoit à d'autres fonçtions? Eft ce par des pareils temoins qu'il pretend fe juftifier? Eft-ce par des depofitions marquées au caractere de la fauffeté qu'il pretend prouver fon innocence? Et la conduite de fes Penitentes ftigmatifées, fi bien caraçterifée par la Procedure, ne fuffit-elle pas pour la conviçtion de l'Accufé?

Il pretend que la depofition de Meffire Giraud, qui depofe plufieurs faits de Quietifme de la bouche de la Reboul & de la Laugier, deux de fes Penitentes, ne peut faire ici aucune preuve; foit parce qu'ayant été entenduës en temoin elles ont depofé tout le contraire; foit parce que lors de la leçture de la depofition de Meffire Giraud il remarqua *que celui-ci fçachant qu'il devoit depofer avant que de le faire, il avoit cherché des preuves du Quietifme pretendu pour en compofer fa dépofition; & qu'il avoit interrogé très-artificieufement à cette fin jufqu'à quatre de fes Penitentes; qu'il ne feroit pas étonnant que des ames fimples & ignorantes, mifes pour ainfi dire à la quftion, par un homme habile qui leur fait un enchaînement de propofitions ambiguët & capticufes, fe fuffent trompées en repondant bonement fur une matiere infiniment delicate, où des très fçavans & de très-faints Theologiens ont bronché; & qu'enfin on ne peut pas le rendre refponfable de ce qu'elles ont dit & donné comme les fentimens & les principes de fa conduite à l'égard de fes Penitentes, ce qu'un Dialeçticien peut leur avoir arraché à force de raifonnemens.*

Mais tous ces differens prétextes ne fçauroient donner aucune atteinte à la depofition de Meffire Giraud. Car 1°. Il eft vrai qu'en general, quand un Temoin parle de la bouche d'un tiers, & que celui-ci a été oüi & eft un Temoin legitime au tems de la Procedure, ces deux depofitions doivent être conformes. Mais peut on apliquer cette regle ici, où il s'agit d'un Temoin qui parle des faits qu'il avoit ouïs dire à ces deux Penitentes de l'Accufé dans un tems non fufpeçt, & où elles difoient bonement la verité: Enforte que fi lors de leur depofition elles n'ont pas dit la même chofe, c'eft parce que leur Confeffeur les avoit fubornées pour leur faire dire le contraire. Car dans ce cas, la Juftice qui ne cherche que la verité, peut-elle la trouver dans la depofition de ces deux Penitentes fubornée, ou bien dans celle de Meffire Giraud, qui eft un Temoin d'une probité fi reconnuë, & qui ne feroit pas capable de dire un fait qui ne fût exaçtement vrai.

2°. Il n'eft pas veritable, fauf refpeçt, que Meffire Giraud eût parlé
aux

aux Penitentes du Pere Girard , puifqu'il avoit été affigné en Temoin,
mais bien long-tems auparavant la naiffance de ce procès & dans un
tems qu'il ne pouvoit pas le prophetifer. Auffi l'Accufé reconnoit fi-
bien que ces deux devotes avoient dit à Meffire Giraud les faits que
celui-ci a depofez de leur bouche , qu'il fe retranche à foûtenir que ce
n'étoit que par des interrogatoires artificieux , & par un enchainement
de propofitions ambiguës , & capticufes, qu'il les avoit arrachées à ces
ames fimple & ignorantes. Mais pour detruire ce pretexte , ne fuffit-il
pas de le renvoyer à la depofition de ce Curé, où il verra que toutes
les demandes qu'il avoit faites à la Reboul & à la Laugier, étoient s'il
étoit vrai qu'elles communioient tous les jours ; qu'elles faifoient neanmoins fouvent des parties de plaifir ; & quelles étoient les prieres qu'elles
faifoient : Que la reponfe de ces deux Penitentes fut qu'elles ne faifoient
point de prieres vocales , qu'elles fe contentoient de fe tenir en la prefence de Dieu , qu'elles communioient tous les jours , & qu'elles ne laif-
foient pas de faire frequemment des parties de plaifir , & que quand
on eft bien avec Dieu , il n'y a rien à craindre , & que tout eft permis. Quoi de plus fimple que ces demandes & ces reponfes ? Eft-ce là
de la part de ce Curé *un enchainement de propofitions ambiguës & capticufes fur une matiere delicate où l'erreur eft fi proche de la verité* ? Sont
ce-là de leur part des reponfes arrachées de leur fimplicité & de
leur ignorance , puifque tout cela ne roule de part & d'autre que fur
des fimples faits ? Et avoient-elles befoin d'avoir étudié en Theologie ,
pour fçavoir fi elles faifoient des prieres vocales , fi elles communioient
tous les jours , & fi elles faifoient fouvent des parties de plaifir ? A l'é-
gard de l'affection qu'il avoit imputé à Meffire Giraud d'avoir quef-
tionné fes Penitentes, nous en avons montré l'abfurdité dans le Memoire
des Objets , en difcutant le reproche qu'il a donné contre ce Temoin.

3°. Quoique fes Penitentes ne puiffent pas depofer en fa faveur, &
que l'afcendant qu'il a fur leur efprit, les faffe regarder comme fuf-
pectes, ainfi que nous l'avons montré dans nôtre Memoire fur les Objets,
néanmoins il eft certain qu'elles peuvent porter contre lui un temoignage
legitime , parce qu'alors on ne peut attribuer ce langage qu'à la force
de la verité , qui fçait encore fe mettre au deffus des impreffions de la
direction , ce qui neanmoins arrive fi rarement. Ainfi quand elles ont
avoüé à ce Curé que le Pere Girard les difpenfoit des prieres vocales ,
qu'il leur permettoit de frequentes parties de plaifir , qu'il les faifoit
communier tous les jours , qu'il leur difoit qu'il leur fuffifoit de fe tenir en la prefence de Dieu , qu'on n'a rien à craindre quand on eft
uni avec luy , & que tout eft permis ; quand l'Allemande a avoüé tant
à Meffire Giraud qu'à Meffire Gandalbert , autre Curé de la Cathedrale , comme ils l'ont declaré dans leur confrontation, que fous la direction du Pere Girard , non feulement elle ne faifoit aucune priere,mais
encore elle étoit dans l'impuiffance de prier , ce qui font autant de caracteres marquez de Quietifme , quels Temoins moins fufpects ni plus
inftruits peut-on employer contre luy ? Peut-on mieux juger de la morale du Directeur , que par celle qu'il enfeigne & qu'il fait pratiquer à
fes Penitentes ? l'Allemande par fa depofition ne confirme-t'elle pas ce
qu'elle avoit dit à ces deux Curez, puifqu'elle depofe *que fous la direction du Pere Girard s'étant trouvée dans une impoffibilité des prieres ; &
le lui ayant communiqué , il luy avoit dit qu'il falloit fe tenir unie à Dieu ,
& qu'un clein d'œil auprès de luy pouvoit par fa grace faire ceffer toutes nos
fechereffes & nos arditez ?*

Le Querellé ,à la page 23. de fon Memoire , dit qu'il fe reffouvien

H

que lors de la lecture qui luy fut faite de la deposition de l'Allemande à sa confrontation avec elle, elle depose qu'il l'avoit toûjours exortée à faire ses efforts pour vaincre les difficultez qu'elle trouvoit à prier ; si cela est, d'où vient qu'il ne raporte pas les termes de la deposition de l'Allemande ? Mais ajoûtons à la deposition de ce Temoin ces termes: Supofons pour un moment que l'Allemande ait depofé qu'étant fous fa direction elle étoit tombée dans une impuiffance de priere ; qu'il l'avoit exortée à faire fes efforts pour vaincre les difficultez de prier, & qu'elle luy ayant repondu qu'elle ne pouvoit pas le vaincre, il luy avoit ajoûté qu'il luy *fuffifoit d'ètre unie à Dieu ; & qu'un clein d'œil auprès de luy pouvoit faire ceffer toutes nos fechereffes*, cela ne nous fourniroit - il pas encore deux preuves de Quietifme ?

La premiere fe tire de ce que fi le Pere Girard l'avoit exortée à faire fes efforts pour tacher de vaincre les difficultez de prier, elle étoit donc fuivant fon avû dans une impuiffance de priere.

La feconde eft fondée fur ce que fuivant les maximes du Quietifme, tracées par le fameux chef de cette erreur dans fon Livre intitulé *la guide fpirituelle*, il y a plufieurs degrez par lefquels les Confeffeurs Quietiftes font paffer leurs Penitentes, avant que de leur faire quitter l'ufage des prieres vocales, & de les mettre dans la contemplation paffive, qu'ils apellent *la folitude interieure*. C'eft pour cela que Molinos, au Liv. 2. de ce Traité, où il détaille tous les devoirs d'un Confeffeur Quietifte, dit qu'il doit porter fes Penitentes à l'Oraifon, & prendre garde de ne les pas jetter tout d'un coup dans le recüeillement ou folitude interieure. Ainfi fi l'Accufé avoit dit à l'Allemande de fe tenir dans l'état de la priere, & de faire fes efforts pour vaincre les difficultez de prier, ce feroit parce qu'il ne l'auroit pas crûë affez avancée dans le Quietifme, pour être mife dans la contemplation infufe ; & fi après qu'elle l'eut affuré qu'il luy étoit impoffible de prier, il luy dit qu'il fuffifoit de fe tenir unie à Dieu, c'eft parce qu'il la crût déja parvenüë à l'état d'union, *& l'Oraifon de repos.*

Le Querellé contefte la depofition de la Batarele, fous pretexte, dit-il, qu'elle avoit fait des extravagances à le Métairie de la Cadiere ; & il ajoûte que malgré tout ce qu'elle avance dans fa depofition, il eft defait qu'on l'avoit vûë prier par tout, & nommement à la Chapelle du Tiers-Ordre des Carmes, où elle entonnoit, avec la Cadiere, les Litanies & les Cantiques, & chantoient regulierement les Vêpres de la Sainte Vierge, & qu'enfin elle reconnoît dans fa depofition que le *Pere Girard* lui avoit toûjours confeillé la Priere vocale.

Nous avons montré dans le Mémoire des Objets l'inutilité du reproche donné contre la Batarelle, & la fauffeté du pretexte fur lequel il eft fondé : Il n'y a point de Temoin dans la Procedure, à moins que ce ne foit fa confidante Guiol, ou quelqu'autre Penitente ftigmatifée de l'Intimé, qui puiffe dire d'avoir vû la Batarelle prier, ou chanter les Litanies, les Cantiques, ou les Vêpres de la Ste. Vierge, avec la Cadiere, dans la Chapelle du Tiers-Ordre, pendant le tems de l'impuiffance des Prieres marqué par la Procedure. S'il eft vrai que ce Témoin ait dit dans fa depofition que le Pere Girard lui eût confeillé de faire fes efforts pour prier lorfqu'elle lui declara l'impuifance des Prieres vocales dans laquelle elle fe trouvoit, cela ne fournit il pas deux nouvelles preuves de Quietifme, comme nous venons de le montrer au fujet de la depofition de l'Allemande ?

Au refte la depofition de la Batarelle ne fuffiroit-elle pas toute feule

pour convaincre le Pere Girard de Quietifme ; foit parce qu'elle y depofe qu'ayant declaré au Pere Girard la ceffation de Prieres , & le rebut
pour toute forte de bonnes œuvres qu'elle avoit experimenté fous fa direction , il l'avoit rafsurée fur cet état , & dit que la Priere n'étoit qu'un
moyen pour parvenir à l'union ; & que quand une fois on y étoit par-
venu ; il n'en étoit plus befoins : Que pendant l'abfence de l'Accufé s'é-
tant trouvée dans une cefsation de Prieres , & ayant confulté fur cela la
Demoifelle Cadiere , elle lui dit que c'étoit là l'état d'union avec Dieu ,
& un état de perfection , duquel on ne pouvoit decheoir que par infidelité ; que les demons n'avoient plus de pouvoir fur fon falut , & qu'il
faloit fuivre fes infpirations interieures : N'eft-ce pas là le langage du pur
Quietifme ? Soit encore plus , parce qu'il fuffit de lire la longue &
prodigieufe depofition de la Batarele pour être convaincu que cette Fille
d'une bafse extraction & fans étude parle plus fçavamment fur cette
matiere que ne fairoit le plus profond Theologien Quietifte : Tant il
eft vrai qu'il nourrifoit fes Penitentes de toutes ces pernicieufes Maximes dans la vûë de s'en rendre le cœur plus acceffible & la conquête plus
facile.

En vain le Pere Girard s'avife d'opofer à la page 26. *que le monde eft
plein de Devotes , ou qui s'étant furchargées par leur propre choix de Prie,
res vocales jufqu'à en ètre accablées , les recitent enfuite précipitemment -
& croyent que tout eft fait pour elles quand elles les ont dites bien ou mal ,
ou qui fe trouvant de la repugnance pour leurs exercices , crient auffi-tôt
aux oreilles d'un Confeffeur , que tout eft perdu , qu'elles ne fçauroient plus
prier , qu'elles font abandonnée de Dieu ;* & que s'il a confeillé aux premieres de laiffer certaines Prieres de pure furerogation , afin de donner
un peu de tems à l'Oraifon pour aprendre à fe connoître , à purifier fon
cœur , à le detacher du monde & de foi-même , à avancer dans l'amour
de Dieu , il n'a fait que fuivre la conduite tracée par tout les Peres fpi-
rituels.

Mais ce ne font là que des jeux de mots & des phrafes qui ne fig-
nifient rien ici , puis qu'il ne s'agit pas d'un foulagement dans des Prieres accablantes , mais d'une ceffation ; d'une difpenfe de toutes Priere vocale , & même d'une impuifiance de prier , fous pretexte que la Priere
n'eft plus neceffaire une fois qu'on eft uni avec Dieu. Ainfi toutes ces
depofitions reünies enfemble ne permettent pas de douter que l'Accufé
ne foit un très-digne Sectateur de Molinos.

Le Pere Girard , à la page 25. de fon Factum , fait encore l'éloge de
fa direction , & reclame fes Auditeurs & fes Penitentes en cette Ville
d'Aix , & la reputation dont il y avoit toûjours joüi.

La neceffité de la defenfe de la Caufe nous force à lui dire. 1°. Que les
Auditeurs & les Penitentes qu'il avoit eu en cette Ville d'Aix , n'ont pas
été oüis en temoin , & qu'on n'a pas fondé tout l'interieur de la direction
qu'il avoit eüe ici pour fçavoir tout ce qui s'y étoit paffé.

2₀. Que fa reputation paffée ne peut lui être ici d'aucun fecours ; foit
parce qu'elle ne peut pas effacer les preuves éclatantes de fes crimes , qui
refultent de la Procedure , de fes Lettres , & de fes Avûs ; foit parce que
Molinos , le Chef des Quietiftes , dont il a fi dignement fuivi les tra-
ces , avoit joüi d'une plus grande reputation , & pendant plus long-
tems dans la premiere Ville du monde Chrêtien , où eft le Siege de la
Foy & le Trône du Vicaire de Jefus-Chrift ; jufque là que les Dames &
les Princefses de Rome auroient crû ne pas bien employer leurs aumônes,
fi elle ne les avoient faites de fon avis , & qu'Innocent XI. l'avoit même

mis fur la Lifte des Cardinaux, dans le tems que Molinos fe plongeoit dans toutes fortes d'infamies avec fes penitentes, & dans toutes fortes d'abominations. En effet, combien de Prêtres ont été échaffaudez, qui avant la decouverte de leurs crimes paffoient pour des modéles de vertu, & dont la reputation les avoit fuivis, jufqu'en vûë de la Potence; témoin l'exemple de Loüis Gauffridy, Fils d'un Berger de Beauvefet, & Curé des Acoules à Marfeille, qui avoit pendant fi long-tems paffé pour un Homme de bien, & qui fut pourtant brûlé par un Arrêt de 1611. pour des abominations femblables à celles de l'Accufé, & même moindres; & tant d'autres Prêtres dont les Livres font remplis, & qui auparavant avoient fait l'admiration du Public & des Gens de vertu, & dont la mort a été fi tragique & fi ignominieufe.

Le Pere Girard, à la fin de la page 25. & au commencement de la 26. de fon Factum, affecte de dire que le Defenfeur de la Cadiere avoit été autre fois fous fa direction. Veut-il conclurre de là que celui-ci n'a pas pû enfuite prêter fon miniftere à la Cadiere? Ou qu'en fe chargeant de fa défenfe il n'a dû le faire que pour la priver d'un meilleur Défenfeur, & marquer à fon ancien Directeur fa reconnoiffance au dépens de fa Partie?

Il eft de notorieté, que quand la Cadiere s'adreffa à Me. Chaudon pour lui prêter fon miniftere, il le lui refufa d'abord, & qu'il ne s'en chargea enfuite que parce qu'il y fut forcé en qualité d'un des Sindics des Avocats: Et qu'avant que de rien faire contre l'Accufé, il fit propofer aux Jefuites par Monfieur de Monval Confeiller en la Cour des Aydes, Magiftrat d'un merite & d'une probité fi diftinguée, le feul moyen qu'il y avoit d'éteindre la memoire de cette affaire honteufe: Mais ils eurent l'aveuglement de le refufer; & de repondre que c'étoit moins là l'affaire du Pere Girard que celle de la Societé, & qu'ils vouloient un Arrêt. Cette reponfe qui étoit une preuve non équivoque qu'ils avoient refolu d'oprimer l'innocence, & de faire triompher le crime, fit dire au fouffigné, qu'en qualité de Sindic il fe chargeroit de la défenfe de cette pauvre Fille oprimée, & qu'aux depens de fa vie s'il étoit neceffaire, il défendroit fon innocence, & employeroit pour cela toute la force & la liberté de fon miniftere. Voilà comment il s'eft chargé de la défenfe de la Cadiere, & tout ce qu'il a fait pour fon ancien Directeur. Voyons maintenant s'il y a une incompatibilité entre la qualité d'ancien Penitent du Pere Girard, & celle de défenfeur de fa Partie, & fi étant devenu l'Avocat de la Cadiere, il a dû trahir la défenfe de fa Partie pour temoigner fa reconnoiffance à l'Accufé.

Il faut faire une difference bien effentielle entre le Confeffeur & le Penitent. Le Confeffeur ne pourroit pas devenir le défenfeur de la Partie de fon Penitent, & fur tout pour des crimes dont celui-ci fe feroit confeffé à lui. Mais rien n'empêche le Penitent d'être l'Avocat de la Partie de celui qui a été fon Directeur. la Raifon de difference eft bien fenfible; le Confeffeur eft le Dépofitaire du fecret de fon Pénitent, qu'il ne peut pas violer fans fon confentement exprès; au lieu que le Pénitent n'a pas le fecret de fon Directeur: Ainfi la qualité d'ancien Pénitent que le fouffigné a; ne forme point d'incompatibilité avec celle de Défenfeur de la Cadiere; fur tout fi l'on fait réflexion qu'il s'agit icy de crimes commis par le Pere Girard à Toulon, & dans un tems qu'il avoit ceffé d'être fon Directeur.

Si l'Accufé croit que le fouffigné, forcé par fa qualité de Sindic à prêter fon miniftere à la Cadiere, a dû trahir la defenfe de fa Partie
en

en faveur de son ancien Directeur ; il connoît bien peu la droiture, la pureté & la fermeté du ministere des Avocats. Que pouvoit faire de plus le Soussigné pour son ancien Directeur que ce qu'il a fait avant que de se charger de cette Cause ? Mais une fois qu'il a été forcé de s'en charger par le refus injuste que ce dernier & ses Confreres ont fait d'une offre si avantageuse, n'a-t-il pas dû employer toute la force de son ministere pour la défense de sa Partie, & pour une cause si favorable ? Et ne se seroit-il pas rendu indigne, on ne dit pas de la qualité de Sindic, dont il est honoré, mais même de celle d'Avocat, s'il avoit fait quelque chose de moins pour le soûtien de la Cause de sa Partie ? Tout Toulon sçait & publie hautement que son Factum ne contient que la moindre partie des faits dont il a été témoin.

L'Accusé, à la page 24. & 25. de son Factum, prétend que ces mots de la Lettre du 22. Juillet, *oubliez-vous & laissez faire*, ne contiennent rien qui ait du raport au Quietisme, soit parce que ces mots ne signifient que l'abnegation recommandée par l'Evangile, & par l'Imitation de Jesus-Christ, liv. 3. ch. 37. soit parce qu'il a voulu dire par là, laissez faire à Dieu ; soit parce que le reste de la Lettre, dont il fait un vain étalage, n'est pas un langage qui convienne à un Quietiste, dont rien ne peut alterer le repos ; & qu'enfin cette Lettre enseigneroit d'un côté le Quietisme, & le détruiroit de l'autre,

Mais tous ces raisonnemens ne sçaroient effacer la preuve de Quietisme que cette Lettre renferme. 1°. C'est un abus sacrilege de l'Evangile & de l'imitation de Jesus-Christ, de venir comparer l'abnegation qu'ils recommandent aux termes *oubliez-vous & laissez faire*, contenus dans cette Lettre. Ni l'Evangile, ni l'imitation de jesus-Christ, ne proposent pas aux Femmes & aux Filles cette Maxime, *oubliez-vous & laissez faire*. Cette abnegation Evangelique auroit-elle pû trouver place dans une Lettre galante & fumante d'amour, comme est celle dont il s'agit ?

2°. L'Addition que l'Accusé veut faire en disant, laissez faire *à Dieu*, est une nouvelle preuve qu'il nous fournit du venin de sa Lettre ; que ne le disoit il alors ? Que ne disoit-il *oubliez-vous, & laissez faire à Dieu* ? Et encore nous aurions été en droit de lui dire que cette expression n'auroit pas effacé toute idée de Quietisme, puisque c'est agir en Quietiste que de s'oublier absolument, & de laisser tout faire à Dieu, sans y joindre la cooperation de la Creature ? Pourquoy en ajoutant le mot *à Dieu*, qui n'est point dans sa Lattre, il en retranche ceux-ci ; *ces deux mots renferme la plus sublime disposition* ; ce qui est la loüange du Quietisme ? Mais pourquoi venir prophaner le nom de Dieu dans une Lettre galante, où il ne s'agissoit que des sentimens de tendresse du Directeur pour sa Penitence, son idole de chair ? La Lettre du 25. Juillet, dictée par la Cadiere, & écrite par ses Freres, que l'Accusé veut donner pour reponse à la sienne du 22. ni celles qui avoient precedé celle du 22. ne contiennent rien qui puisse donner un bon sens à ces paroles de la Lettre du 22 Et ce qui ne permet pas à la Partie Adverse de donner un bon sens à ces mots, *oubliez vous & laissez faire*, c'est ce qui les precede & les suit dans la même Lettre, ne respire que la passion & l'amour.

3o. C'est bien inutilement qu'il cherche à excuser ces termes par ceux-ci ; *Dieu soit loüé, je rends graces à nôtre Seigneur*, & autres semblables, & qu'il veut persuader que ces expressions ne conviennent pas à un Quietiste abîmé dans une contemplation passive, qui est insensible à tout. Car comme nous l'avons deja observé, il ne s'agit pas d'un Quietisme purement spirituel, il s'agit d'un Quietisme charnel ; d'un Quietis-

I

me, qui fous les aparences trompeufes d'une devotion auftere, & des termes confacrez à la pieté, favorife & autorife le dereglement des mœurs, le libertinage, & les plus grands Crimes. C'eft dans ce fens qu'un Moderne, apelle un Quietifte, *un Homme fou, devot & libertin.* Ainfi ces mots de cette Lettre, *oubliez-vous & laiffez faire ; ces deux mots renferment la plus fublime difpofition*, ne contiennent ils pas l'effence & l'éloge du Quietifme?

La plûpart des autres Lettres de l'Accufé, produites au Procès, font infeétées d'un venin de Quietifme, quoi qu'il les ait refaites, comme on peut le verifier par leur leéture, & fur tout fa Lettre du 29. Juin 1730. En voici les termes *Laiffez agir de vôtre côté, ma Fille, les mifericordes de nôtre Divin Maitre, & tenez-vous feulement bien foûmife & bien docile à toutes fes impreffions : Toute vôtre attention doit fe borner là ; ne penfez pas à ce qui fe paffe en vous, & au tour de vous.* Et dans fa Lettre du 4. Juillet, il ajoute, *il faut que Marie-Catherine Cadiere foit toute à Jefus-Chrift ; ou plûtôt il faut qu'elle difparoiffe & qu'elle fe perde, afin qu'il n'y ait plus que fon Epoux qui agiffe, qui parle, qui fe montre.* Toutes ces expreffions, qui font les moindres qui fuffent originairement dans fes Lettres avant leur refeétion, n'excluent-elles pas la cooperation de la Creature ? Et elles font d'autant plus furprenantes dans un Jefuite, que la Morale de la Societé veut faire prédominer l'operation de la Creature, & y affervir même celle de Dieu.

Après cela que l'Accufé nous reproche tant qu'il voudra que nous n'entendons rien à ces Matieres ; nous ferions fachez de les fçavoir, & de les pratiquer comme lui : Nous n'avons pas la temerité de lui difputer la gloire d'exceller en la Theorie, & en la Pratique du Quietifme ; il nous fuffit d'en fçavoir affez pour le convaincre d'être un Quietifte ; & pour cela il ne faut que comparer les faits qui refultent de la Procedure, & de fes propres Lettres avec les Propofitions de Molinos, condamnées par la fameufe Bulle d'Innocent XI. de l'année 1687. raportée par Dupin, Tom. 3. du 17e. fiecle de l'Hiftoire Ecclefiaftique, de la derniere édition, p. 626. & l'on trouvera que ces Lettres & ces depofitions font un extrait de ces Propofitions condamnées. Voilà la feule Autorité que nous lui opofons ; elle eft fans doute bien refpeétable, puifqu'elle part de la main du Pere des Croyans & du Vicaire de Jefus-Chrift, dont l'Accufé dit qu'il refpeéte tant les Decifions, quoiqu'il foit affez notoire que les Bulles qui ont condamné les differentes erreurs des Jefuites, n'ont pas trouvé beaucoup de foûmiffion de leur part. Tous les pretextes que l'Accufé a employez pour perfuader qu'il n'eft pas convaincu de Quietifme font donc frivoles. Voyons s'il fera plus heureux dans ceux qu'il emploit pour éluder les autres Chefs d'Accufation.

SUR L'INCESTE SPIRITUEL.

L'Accufé fe morfond en mauvaifes reflexions. 1°. Il dit que l'Incefte Spirituel eft fi infeparablement lié avec le Sortilege, que s'il détruit celui-ci, l'autre ne peut pas fubfifter, & qu'il a montré qu'il n'y a point ici de Sortilege. 2°. Qu'en fupofant qu'il y ait ici du Sortilege, ou la Cadiere, après fes extafes diaboliques revenoit à elle-même & fe rapelloit ce qui venoit de fe paffer ou nom : Au premier cas, comment auroit-elle pû continuër un fi fale commerce ? Au fecond cas, comment pourroit-elle fçavoir ce qui s'étoit paffé dans le tems qu'elle étoit hors de l'ufage de fes fens, & que fuivant fes reponfes devant l'Official, elle étoit alors dans ce dernier état ? 3°. Que par ces mêmes reponfes , elle fixe l'époque de fa joüiffance au mois de May ; ce qui fape entierement tout le fifteme de l'Incefte Spirituel , & de l'Avortement. 4°. Que, ou le Pere Girard eft un vieux libertin, auquel cas il en auroit certainement tranfpiré quelque chofe dans les occafions ; ou bien il eft devenu tout d'un coup fcelera & libertin, & alors il auroit fuivi la route dont on fe trouve malheureufement fi bien dans le monde. 5°. Que le Pere Girard n'auroit donc aimé la Cadiere que pour la livrer aux tourmens horribles du Demon, pour la crucifier, la couvrir de playes affreufes, capables de degouter le plus paffionné de tous les Amans, ou pour mieux dire d'éteindre les feux les plus impudiques, par l'idée du redoutable Miftere qu'elles reprefentoient , & que tout cela doit faire regarder ces faits comme des Contes des Fées que la feule prevention contre les Jefuites peut rendre croyables.

Mais toutes ces obfervations ne fçauroient être plus vaines : Toute leur force ne confifte même que dans l'art , & dans un arrangement armonieux de mots, qui ne fçauroient donner aucune atteinte aux preuves invincibles que nous avons de cet Incefte Spirituel.

La premiere de ces obfervations eft inutile, foit parce que le fortilege demeure invinciblement établi en Droit & en Fait, & prouvé même par les avûs de l'Accufé. En effet, ne voit-on pas dans nos Livres, & fur tout dans l'Hiftoire Ecclefiaftique, un grand nombre de Prêtres condamnez à la mort pour avoir feduit leurs Penitentes par des fotileges? Et Loüis Gaufridy , par fes dernieres reponfes du 28. Avril 1611. prifes en pleine Grand - Chambre, & qu'il a fcellées de fon fang , n'avüa-til pas qu'il avoit donné de l'amour à Magdelaine de la Palud & à d'autres de fes Penitentes par un foufle ? Soit parce que fans aucun fortilege, & par la feule vertu des Simples dont la Medecine renferme la connoiffance dans fes Tréfors, l'Accufé auroit pû faire tout cela pour fe procurer la conquéte de fa Penitente. Enfin ne diroit-on pas , à entendre parler l'Accufé, qu'il n'y a point de Confeffeur qui ait feduit fa Penitente fans fortilege ? Et ne fuffiroit-il pas toûjours que cet Incefte Spirituel fût prouvé, pour l'en faire punir ?

La feconde obfervation ne renferme qu'un Sophifme; car d'une part il avoit d'abord commencé à joüir d'elle dans le tems qu'elle étoit hors de l'ufage de fes fens par une xtafe ou un accident d'obfeffion ; & pour prouver qu'elle avoit eu de ces accidens, & qu'ils luy avoient fourni l'occafion de fatisfaire fa paffion, il fuffit de raporter ici quelques articles de fes réponfes. 56. *Interrogé s'il l'a vûi au lit dans cet état d'obfeffion ? A repondu qu'oüi, mais qu'elle étoit habillée dans fon lit. 57. Interrogé fi en cet état ces mouvemens convulfifs ne luy faifoient pas commettre des immodefties ? A repondu que non, qu'elle ne faifoit que roidir les bras & fe plaindre de ce qu'elle fouffroit. 58. Interrogé s'il étoit feul avec elle & ce qu'il lui faifoit ? A repondu qu'il attendoit que l'accident luy eût paffé, pour luy parler de Dieu.* Voilà donc l'avû de fa part d'avoir été plufieurs fois enfermé feul dans la Chambre de fa Penitente, lorfqu'elle avoit perdu l'ufage de fes fens par un extafe ou par un accident d'obfeffion, & qu'alors il eu occafion d'abufer d'elle : Peut-on douter qu'il ne l'ait fait, fi l'on convient qu'il en étoit éperdûment amoureux, & qu'il ne pouvoit pas avoir eu d'autre motif de refter feul enfermé avec elle dans fa Chambre, & d'en exclurre la Mere, les Freres & la Servante, qui auroient été à cette Fille d'un plus grand fecours que lui? Mais comment pouvoit-elle fçavoir s'il avoit abufé d'elle dans ces momens où elle avoit perdu toute connoiffance? Sans doute qu'elle pouvoit le sçavoir par les situations immodestes où elle se trouvoit avec son Confesseur au retour de ces extases & de ces accidens, & par toutes les marques qu'elle ressentoit d'une Fille violée, que la pudeur ne nous permet pas de repeter ici, & qui sont détaillées dans son exposition ; & de l'autre, ne le sçavoit-elle pas encore par toutes les libertez criminelles qu'il avoit pris sur elle dans un tems qu'elle avoit l'usage de ses sens.

Mais d'où vient qu'elle n'avoit pas d'abord quitté ce Directeur ? Il y en a plusieurs causes bien sensibles. La premiere est la simplicité de cette Fille, qui par l'éloignement du monde, & par le recüeillement dans lequel elle avoit toûjours vêcu, étoit plus simple à 18. ans, que ne le sont les autres Filles à l'âge de sept ans, comme il est de notorieté.

La seconde se tire de ce qu'il luy avoit fait accroire que non-seulement il n'y avoit rien là de criminel, mais encore que c'étoit l'effet de la grace & de la volonté du bon Dieu ; & pour le luy persuader, il avoit employé d'un côté les pernicieuses maximes du Quietisme charnel, qui n'ont pas d'autre objet dans les Confesseurs Quietistes, temoin tous les differens traits qui en sont raportez dans les Livres ; & de l'autres, les faits extraordinaires qui arrivoient à cette Fille, qu'il luy persuadoit être des prodiges de la grace, quoique ce ne fussent là que des faits de l'obsession dans laquelle il l'avoit mise ; & la faisoit communier tous les jours, & il luy disoit : Ma Fille, comment pouvez-vous douter que le bon Dieu ne veuille pas que nous vivions tous deux dans cet état d'union conjugale, puisqu'il l'aprouve par tant de miracles, & que par une des visions que vous avez euë dans le Carême, vous avez vû que vôtre nom & le mien sont unis & écrits dans le Livre de vie ? Il luy persuadoit si bien qu'elle devoit regarder cela comme des caresses de l'amour Divin, dont il luy parloit toûjours dans ses Lettres d'une maniere si enflâmée, que dans les reponses que l'Official lui arracha par surprise le 18. Novembre 1730. elle dit que toutes les fois que le Pere Girard la touchoit, & sur tout au sein, elle recevoit des graces & des faveurs accompagnés de sentimens qui luy paroissoient tous divins : En voici les termes. *Ravite pourtant & charmée par des sentimens qui luy paroissoiens tous divins, puisque toutes les fois que ledit Pere la touchoit, elle recevoit des graces & des faveurs, & particulierement lorsqu'il luy touchoit le sein, alors se sentoit tomber en pamoison, accompagnée de sentimens qui luy paroissoient tout divins.* Voila par quelles abominations il avoit corrompu & aveuglé l'esprit & le cœur de cette infortunée Penitente, & luy avoit persuadé que toutes les infamies qu'il commettoit sur sa personne, étoient des operations de l'amour divin. La Justice a-t'elle de peines assez severes pour punir de pareilles profanations, de pareilles abominations ?

La troisiéme observation de l'Accusé est mal placée ici, & ne regarde que l'avortement : C'est là où nous la renvoyons, & où nous en montrerons toute l'équivoque.

La quatriéme n'est qu'un Dilemme très defectueux ; car comme nous l'avons déja touché dans le Quietisme, un hypocrite ne joüit-il pas de toute sa reputation jusques à ce que son hypocrisie & son libertinage soient découverts ?

La derniere observation du Querellé n'a rien de solide ; car ne voit-on pas 1°. Que quand il avoit jetté dans l'obsession cette Penitente, dont il étoit si amoureux, ce n'étoit que pour se procurer par là des occasions d'en abuser dans le momens d'un extase ou d'un accident, comme il est arrivé, & encore de faire passer pour des miracles ce qui n'étoit n'étoit que l'effet de l'obfeffion, pour s'acquerir la gloire de faire des Saintes, & d'efacer de fes démarches auprès de fa Penitente les foupçons qui en naiffoient naturellement, & fe procurer la joüiffance d'une Maîtreffe fous les dehors faftueux, mais trompeurs, de faintete & de vertu.

2°. Il ne regardoit pas ces ftigmates comme des playes fi dégoûtantes, capables d'éteindre les feux les plus impudiques, luy qui les contemploit, qui les baifoit avec tant de fenfualité, & qui mefuroit fi fouvent la diftance de celuy du côté au Teton gauche, dont il fait par fes reponfes une fi jufte defcription.

Enfin, il dit que s'il avoit été amoureux de fa Penitente, il ne l'auroit pas mife au Couvent d'Ollioules; mais cette démarche prouve précifement le contraire; car n'eft-ce pas là la conduite d'un homme qui foupçonne fa Maîtreffe d'être embarraffée? Et n'eft-il pas prouvé par la Procedure de Loüis Gaufridy qu'il avoit tiré Magdelaine de la Palud: fa Penitente & fa Maîtreffe, de la Maifon de fon Pere qui étoit à Marfeille, pour la mettre au Couvent Ste. Claire d'Aix, où il venoit la voir? L'exemple de Loüis Gaufridy peut bien fervir ici à juftifier la même démarche faite par l'Accufé, qui l'a par tout fi bien imité.

Aprés les vaines obfervations que nous venons de détruire, l'Accufé tente d'affoiblir les preuves que nous luy opofons pour le convaincre de fon Incefte; & c'eft dans cette vûë qu'il affecte même d'en déranger l'ordre, croyant aparemment que cela pourra jetter quelque obfcurité fur des crimes qu'il auroit tant d'interêt de cacher: Mais comme nous ne fommes pas obligez de nous conformer à fes idées irregulieres, nous fuivrons ici le même ordre que nous avons établi dans nôtre premier Mémoire.

PREMIERE PREUVE
de l'Incefte Spirituel dont il s'agit.

Elle eft tirée de la frequentation continuelle du Querellé avec la Demoifelle Cadiere, qui a commencé d'abord après la premiere année de cette direction, & duré 18. mois, & jufqu'à la fin de cette même direction. Au commencement de cette frequentation, il obligeoit la Demoifelle Cadiere de l'aller voir tous les jours jufqu'au commencement de fon obfeffion; depuis lors il l'alloit voir prefque journellement à fa Chambre, où il paffoit toutes les après dinées feul avec elle, jufqu'à ce qu'il l'envoya au Couvent Ste. Claire d'Ollioules; & depuis fon entrée dans ce Couvent, jufqu'à fa fortie, il l'alloit voir deux ou trois fois par femaine, & il paffoit les jours entiers avec elle au Parloir ou à la Grille du Chœur, quoique les Canons & la Regle même des Jefuites lui défendiffent fi feverement une pareille frequentation. Peut-on l'attribuër à la feule charité de la direction? Et n'eft-elle pas tout vifiblement l'effet de cette flame impure, dont il brûloit pour fa Penitente? Voici ce qu'il opofe pour éluder la force de cette preuve.

Il dit. 1°. Qu'il ne faut pas regarder les asfiduité d'un Directeur, comme celles d'un Homme du monde: que ces premiers ont leur motifs dans le zele, & dans l'exercice des œuvres de charité, à moins que la malice du cœur humain ne veüille donner à la vertu tous les caracteres du vice; & que les autres n'ont pour objet que la pasfion dereglée; & il reproche au Défenfeur de la Cadiere d'avoir fait ici une odieufe comparaifon; que celui-ci n'avoit jamais eu de pareils foupçons lorfque

l'Accusé avoit été voir sa premiere Femme dans sa derniere maladie ; &
que c'est la prevention qui a effacé chez lui les idées de la justice & de
la charité ; que si de pareilles visites pouvoient être condamnées, les
Malades mourroient faute de secours spirituels, & Il n'y auroit plus de
Confesseur qui voulût s'exposer à un pareil risque ; qu'il proteste, & qu'il
resulte même de la Procedure, qu'il n'a jamais vû sa Penitente que dans
la Maison de sa Mere ; que pendant les premiers vingt mois qu'il l'a
confessé, il n'a jamais mis le pied chez elle ; qu'il n'a commencé à la
visiter que depuis qu'elle est devenuë malade, toûjours en plein jour,
avec un Compagnon Jesuite, ou avec l'Ecclesiastique, Frere de la Fille.
2°. Que les voyages qu'il a fait à Ollioules, dans l'espace de trois mois
que la Cadiere y a demeuré, & qu'on affecte de rendre si frequens,
ont eu le même objet que ses visites dans la Maison de la Cadiere ;
c'est-à-dire, voyages de zele & de charité. On n'a qu'à se rapeler pour
en être convaincu le personnage qu'lle jouoit dans ce Couvent, les
pretenduës merveilles qu'elle y operoit, & avec cela les incertitudes de
sa vocation, & la passion extrême qu'elle avoit d'en sortir, & l'on verra
que la presence du Confesseur y étoit absolument necessaire ; soit pour
remplir les fonctions de son Ministere ; soit pour l'assurer de l'état de
sainteté & des merveilles de sa Penitente, soit enfin pour arracher de
son cœur les incertitudes continuelles qui l'agitoient, & pour l'exhorter
à la perseverance : Ce sont ses propres termes.

Il n'y a qu'un Jesuite coupable qui puisse se donner la licence de s'en
prendre au Defenseur de sa Partie, de se déchaîner contre lui, jusqu'à lui
dire que la prevention a effacé chez lui les idées de la justice & de la charité ; comme si la preuve de ses crimes, tirée même de ses propres Lettres
& de ses propres Avûs, pouvoit passer pour un effet de prevention contre lui, & que la conviction que le Défenseur de la Cadiere en a, ne
lui fût pas commune avec tout le Public & avec tous ceux qui ne veulent pas renoncer à l'usage de la raison. Mais si une conduite si témé-
raire peut passer pour un privilege Jesuitique, du moins de celui qui lui
prête son nom pour son Factum, & qui se rend par là responsable de
tout ce qu'il contient, en devoit effacer tout ce qui choque les Regles
du Barreau, avant que de le signer. Mais revenons à l'Objection de
l'Accusé, & montrons-en l'inutilité.

Le Querellé qui, au commencement de son Factum, a promis d'ob-
server si inviolablement les devoirs de la charité, & qui les reclame tant
pour lui, ne les blesse-t-il point lors qu'il condamne toutes les honnêtes
frequentations des gens du monde, comme l'effet d'une passion dereglée?
Bien loin qu'il puisse se plaindre de la comparaison que la Cadiere a faite de la frequentation d'un Homme du monde, avec celle d'un Directeur, & la traiter d'odieuse, ni pretendre que la frequentation d'un Homme du monde ne puisse être que mauvaise, & celle d'un Directeur que
bonne & exempte de tout soupçon, ne peut-on pas lui dire au contraire
que les assiduitez d'un jeune Homme auprés d'une Fille, peuvent n'être
que des recherches honnêtes, & n'avoir pour objet que le Mariage ; au
lieu que les assiduitez continuelles d'un Directeur, qui ne peuvent être
attribuées ni au zele ni à la charité de la direction, ne peuvent avoir qu'un
mauvais motif? En effet, quelle peut être la vûë d'un Directeur qui est
continuellement auprès d'une jeune Penitente? Aussi les Loix & les Canons, & même la Regle des Jesuites, ont bien senti cette difference :
D'où vient que nulle Loy, nul Canon, n'a défendu aux Gens du monde
la frequentation du Sexe ? D'où vient que les Loix & les Canons l'ont

défenduë si severement aux Gens d'Église? D'où vien que la Regle des Jesuites leur en fait une si rigoureuse prohibition ? D'où vient qu'il ne s'est point fait de peine de la violer ?

2°. Qu'elle comparaison fait ici l'Accusé entre les deux ou trois visites qu'il avoit faites à la premiere Femme du Défenseur de la Cadiere, à l'extrêmité de sa derniere maladie, suivi d'un Compagnon Jesuite, dans une Chambre dont la Porte étoit ouverte, & où il y avoit d'autres Personnes, avec les visites journalieres qu'il faisoit tout seul à la Querelante, qui n'avoit que quelques accidens passagers, qui étoient même assez rares, dont il étoit l'Auteur, dont elle revenoit dans demi heure, ou dans une heure, & lors desquelles il s'enfermoit tout seul avec elle dans sa Chambre ?

3°. Il n'y a pas à craindre que les Femmes & les Filles malades manquent de secours spirituel en condamnant les visites qu'il a faites à la Cadiere, à moins que tous les Directeurs, en imitant l'exemple du Querellé, ne voulussent aller voir les Femmes, qu'à condition qu'ils s'enfermeroient seuls avec elles ; & comme cela n'est pas à craindre, il l'est encore moins qu'elles manquent de Confesseurs. Mais après tout, les Directeurs n'ont qu'à suivre les regles qui leur sont prescrites par les Canons, & les Jesuites celles qui leur sont prescrites par leur Institut, qui sont de mener un Compagnon, & de ne s'enfermer jamais avec des Femmes, il seroit d'une bien funeste consequence d'autoriser de pareils abus.

4°. Le Pere Girard proteste, & dit qu'il ne doute pas qu'il ne resulte de la Procedure qu'il n'a jamais vû sa Penitente que dans la maison de sa Mere, & que pendant les 20. premiers mois qu'il la confesse, il n'a jamais mis le pied chez elle. Pour lui prouver qu'il parle contre la verité, il nous suffit de lui raporter ici sa reponse au 50. Interrogatoire. *Interrogé, si la Cadiere le visitoit dans sa maison.* A repondu, qu'il ne l'a jamais vûë que 3. ou 4. fois à la porte, pour trés-peu de tems. Il convient donc au moins par là qu'elle l'avoit été voir 3. ou 4. fois, ce qui suffit pour montrer qu'il parle ici contre la verité, quand il assure qu'elle n'avoit jamais été le voir ; & bien loin que la Procedure prouve qu'elle n'y avoit point été, elle prouve au contraire qu'elle y alloit journellement depuis le mois d'Avril 1729. jusqu'à la fin de Novembre qu'elle tomba dans son obsession. Il dit encore que depuis l'obsession, qu'il alloit si frequemment chez elle, il menoit toûjours un Compagnon Jesuite, ou l'Abbé Cadiere. Mais cela n'est-il pas detruit par la Procedure, & par sa reponse au 83. Interrogatoire, où il avouë, qu'il alloit tout seul sans Compagnon Jesuite à la Chambre de la Cadiere & qu'il s'y enfermoit ? Et si quelque fois il affectoit de se faire apeller & accompagner par l'Abbé Cadiere, ce n'étoit que jusqu'à la Porte de la Maison, après quoi il le renvoyoit en Classe, & il s'enfermoit tout seul avec sa Penitente.

Enfin les pretextes qu'il veut donner aux Visites qu'il lui avoit faites au Couvent sont bien frivoles. Le personnage qu'elle y joüoit n'étoit que celui qu'il l'y faisoit joüer lui-même par l'obsession, dont il connoissoit si bien la cause, ainsi qu'il en convient, & qu'il est prouvé par ses Lettres. En effet, il ne s'y étoit jamais trouvé à aucun de ces accidens ; les pretendus prodiges qui se passoient en elle n'étoient pas une cause plus plausible, puis qu'il sçavoit que tout cela ne procedoit que de l'obsession, & que d'ailleurs elle lui en rendroit compte par ses Lettres ; ainsi il n'avoit pas besoin de faire des voyages pour les aller prendre ; il n'avoit pas besoin non plus d'y aller pour la forcer à se faire Religieuse malgré elle, comme il eſt prouvé par ſes Lettres. Car bien loin qu'en cela il fit un acte loüable de direction, ç'en étoit au contraire un abus bien condamnable ; & l'on voit bien que cela n'avoit pas d'autre motif que la crainte qu'il avoit que ce miſtere d'iniquité ne fût un jour manifeſté, ſi elle ſortoit du Couvent, ou bien qu'elle ne quittât ſa direction. Ce n'eſt pas non plus pour la confeſſer qu'il faiſoit tous ces voyages ſi frequens ; car outre qu'elle auroit pû ſe ſervir du Confeſſeur du Couvent ; d'ailleurs il eſt ſi peu vrai qu'il fit deux ou trois voyas par ſemaine à ce Couvent pour la confeſſer, que par ſa reponſe au 149. interrogatoire, il a convenu d'avoir ceſſé de la confeſſer depuis le 12. Août 1730. quoi qu'il ait continué de la voir juſqu'au 16. Septembre ſuivant. *Interrogé depuis quand il a ceſſé de confeſſer ladite Cadiere, a repondu que c'eſt depuis le 12. du mois d'Août, & qu'il a ceſſé de la voir depuis le 16. de ſeptembre.* Tous les pretextes qu'il veut donner à ſes voyages ſont donc faux ; & il n'eſt que trop évident que ce n'étoit pas la charité de la direction qui les lui faiſoit faire, mais l'amour dont il brûloit pour ſa Penitente ; c'eſt pour cela qu'il paſſoit les jours entiers avec elle au Parloir, ou à la Grille du Chœur, & qu'il s'y enfermoit ſeul avec elle, comme nous l'avons prouvé dans nôtre premier Mémoire, page 38. & 39. par pluſieurs Temoins, & même par ſes Avûs.

SECONDE PREUVE
tirée du commerce continuel des Lettres.

Lorſque le Pere Girard eut mis ſa Penitente dans le Couvent Ste. Claire d'Ollioules, non content de l'aller voir deux ou trois fois par ſemaine, & de paſſer pluſieurs heures, & même des jours entiers au Parloir & à la Grille du Chœur avec elle, tous deux ſeuls & tête-à-tête, comme il en convient par ſa reponſe au 125. Interrogatoire, il luy écrivoit encore tous les jours des Lettres, ainſi qu'il eſt prouvé par celle du 22. juillet 1730. dans laquelle il dit au commencement : *Voici, ma cheri Enfant, la troiſieme Lettre en trois jours.* Et enſuite il ajoûte : *Cette Lettre-cy vous dit que vous venez toûjours après moy, & il eſt dangereux que vous ne m'ateignez pas, à moins que vous n'en écriviez deux par jour.*

L'Accuſé, dans ſon diſcours à la tête du revuëil des Lettres pag. 5. *in fine*, où il ne manque que la verité, qui eſt le défaut qui regne generalement dans toutes ſes défenſes, dit que pardeſſus les 16. Lettres qu'il a produites de celles qu'il avoit écrites à la Cadiere, il n'y en avoit que 9. à 10. autres, mais qu'il ne les a pas, & que la Cadiere ne les luy avoit pas envoyées, & l'interpelle de les produire, & ſur tout celles des 20. & 21. Juillet, & qu'elle ne les cache que pour avoir la liberté de donner un mauvais ſens à celle du 22. du même mois ; c'eſt-à-dire qu'il ſoûtient de n'avoir écrit à la Cadiere que 26. Lettres, & que celle-ci en a retenu 9. à 10.

Mais ce ſont là deux impoſtures évidentes, & qui ne pourront qu'indigner Meſſieurs les Juges, & tout le Public contre lui. En premier lieu, comment oſe-t-il dire que dans les trois mois & demi que cette Fille a reſté au Couvent d'Ollioules, il ne lui ait écrit que 26. Lettres, lui qui convient par ſa Lettre du 22. Juillet qu'il lui écrivoit une Lettre par jour, & que ſa Penitente ne pouvoit pas l'atteindre à moins qu'elle n'en écrivit deux par jours ?

2°. Il ſe plaint par la plûpart de ſes Lettres à ſa Penitente, qu'elle ne

41

ne luy écrivoit pas affez fouvent ; & on voit par la Lettre de la Cadiere
du 25. Juillet, qui eft fa reponfe à la Lettre de l'Accufé du 22. du même
mois, que celle-ci s'excufe fur ce que fes fouffrances continuelles, qui
étoient les accidents d'obfeffion , dont elle lui dit qu'il étoit l'auteur,
ne lui permettoient pas de lui faire exactement reponfe,& lui avoüe qu'elle étoit fort en arriere : *Pour ce qui regarde Vos Lettres je fçai bien que je fuis en
arriere , mais dans l'état continuel de fouffrance où je me trouve, j'y vais de bonne
foi , & je ne compte point après vous , faites en de même de vôtre côté , & contentez-
vous de ma bonne volonté , celui qui pourra écrire davantage , aura plus de merite.* Ce
font les termes de cetre Lettre , qui prouve fi bien que le Pere Girard
avoit écrit à la Cadiere une plus grande quantité de Lettres qu'elle ne lui
en avoit envoyé.

Cependant l'Accufé dans fes reflexions generales à la tête du cayer
manufcrit des Lettres qu'il avoit d'abord fait paffée dans les mains de
fes Amis, & qui fe trouve aujoursd'hui dans celles de tout le monde ,
avoit convenu que par deffus les Lettres qu'il avoit produites de celles
que la Cadiere lui avoit écrites, il en avoit encore plufieurs autres, mais
qu'il ne pouvoit pas les produire, parce qu'elles avoient quelque raport
à fes confeffions ; voici les termes de ce manufcrit. *Quoique le Pere Girard
ait d'autres Lettres de la Cadiere , qui étant produites , pouroient prouver
encore mieux fon innocence , néanmoins comme il étoit Confeffeur de cette Fille ,
& que ces Lettres ont quelque raport à fes confeffions , il n'a pas voulu les produire.* Et comme par nôtre Factum nous avont fait voir que les Lettres
de la Cadiere n'avoient aucun raport à fa confeffion, & que nous l'avons
interpelé de produire toutes les autres qu'il avoüoit d'avoir encore ; aujourd'hui par une mauvaife foi bien indigne , il nie d'en avoir au-delà de
celles qu'il a produites. Cependant fon cayer manufcrit des Lettres eft
encore dans les mains de tout le Public un Temoin, qui depofe hautement le contraire, & qui publie qu'il a encore par devers lui une grande
quantité de Lettres de la Cadiere pas deffus celles qu'il a produites, & il
eft bien certain qu'elle lui en avoit écrit plus de 60. quoiqu'elle fût toûjours fort en arriere. Donques il avoit écrit à la Cadiere beaucoup plus
de Lettres que des 26. qu'il avoüe ; mais quelle preuve moins fufpecte ni
plus inconteftable pouvons nous avoir qu'il écrivoit journellement à fa
Penitente, que fa Lettre du 22. Juillet par lui averée ?

Or nous demandons à l'Accufé quel motif on peut prêter à un Directeur , qui frequente fi affiduement fes jeunes & jolies Penitentes , &
qui leur écrit tous les jours des Lettres,& fur tout un Directeur Jefuite,à
qui fon Inftitut défend fi feverement de frequenter des femmes , & de
leur écrice , *mulieres invifere, aut ad eas fcribere noftros non finat.* Eft - ce là
la conduite d'un Confeffeur un d'un Amant ? Et-ce pour rien qu'un jefuite fait une double infraction à fon Inftitut, qui eft la feule Loi qu'il ref-
pecte ?

Au refte il faut avoir renoncé à toute pudeur pour ofer venir dire
aujourd'hui que les autres Lettres que l'Accufé avoit écrites pardeffus les
16. qu'il a produites, & parmi lefquelles on ne trouve point celles des
20. & 21. Juillet, dont l'exiftance eft fi bien prouvée par ces termes ,
Voici la troifiéme Lettres en trois jours , ont été retenuës par cette Fille
lorfqu'elle remit les autres à la Gravier au mois d'Août 1730. & pour
l'ofer interpeller de les reprefenter, tandis qu'il n'ignore pas qu'elle remit
à la Gravier generalement toutes fes Lettres, à la referve de celle du
22. Juillet, qui par un efpece de miracle fe trouva hors de fa caffette où
étoient toutes les autres ; & pour montrer que la Cadiere n'a pas retenu

L

les autres Lettres à elle écrites par le Pere Girard, & que celui-ci refuse
de representer, il suffit de faire ici ce dilegme; ou il pretend que ces Lettres étoient semblables à celle du 22. Juillet, ou qu'elles étoient comme
celles qu'il a refaites. Si elles étoient comme celles qu'il a refaites, pourquoi les auroit elles retenuës, puisque la Partie Adverse ne prête d'autre
motif à cette fausse retention que l'envie que la Cadiere avoit eu de s'en
servir contre lui? Si elles étoient semblables à la Lettre du 22. Juillet, &
sur tout celles des 20. & 21. du même mois, comme celle du 22. ne permet pas d'en douter, la Cadiere ne les auroit-elle pas produites, si elle
les avoit euës, puisqu'elles lui auroient été si avantageuse?

Enfin ce qui ne permet pas de douter que lors de cette remission la
Cadiere n'eût remis à la Gravier generalement toutes les Lettes qu'elle
avoit du Pere Girard, à l'exception de celle du 22. Juillet, qui ne se
trouva pas dans sa cassette, c'est qu'il convient qu'elle eut la bonne foi
& la simplicité de remettre à la Gravier generalement tous les papiers qui
se trouverent dans sa cassette, & les minutes de ses propres Lettres. La
raison pourquoi il ne les represente pas, c'est parce qu'elle sont aussi ve-
nimeuses, & même plus que celle du 22. Juillet. Mais, dira-t'on, n'auroit il pas pû les refaires, comme il a fait celles qu'il a produites? Cela
est vrai, mais celles-ci, il les avoit refaites de plus loin, & il n'avoit pas
alors refait les autres, parce qu'il ne croyoit pas que nous lui en deman-
dassions la representation, comme nous l'avons fait par notre Factum,
& qu'il a craint que la refection n'en fût prouvée par la fraicheur du caractere, qui saigneroit encore; il a crû que le meilleur parti pour lui étoit
de soutenir contre la verité, & contre toute vraisemblance, qu'elles ne
lui avoient pas été remises: Que coûte le mensonge à quiconque a juré
de ne pas dire la verité?

TROISIE'ME PREUVE
tiré de la qualité des Lettres du Pere Girard.

Par nôtre precedent Mémoire, nous avons fait voir que les Lettres
que le Pere Girard a produites, de celles qu'il avoit écrites à sa Penitente, ont été refaites; mais qu'il faloit juger de la qualité de celles-là par
celle du 22. Juillet, qui est pleine de sentimens de tendresse & de passion;
& que la Lettre qu'il avoit fait écrire par la Guiol à la Cadiere le 30.
Août 1730. prouve son commerce avec sa Penitente, & que la Guiol en
étoit la confidente.

L'Accusé trouve bon de garder un profond silence sur la Lettre du 22.
Juillet, dont il n'ose pas entreprendre d'expliquer les endroit les plus
critiques; & il a été obligé de changer presque toutes les notes qu'il
avoit faites sur cette Lettres dans son cayer manuscrit desdites Lettres, &
n'en a plus laissé subsister que trois ou quatre qui sont fades & ridicules,
parce que nous lui avons prouvé par nôtre precedent Memoire que les
autres qu'il avoit faites sur cette Lettre, servoient encore plus à sa con-
victions; & sans sçavoir que repondre aux principales raisons par lesquelles nous lui avons prouvé la refection des Lettres qu'il represente, il
se contente de dire à la page 38. de son Mémoire, que la lecture des
Lettres qu'il a produites désabusera bien-tôt du sens pervers & malin que
l'Auteur du Memoire de la Cadiere s'est efforcé de donner aux Lettres
de l'Accusé; & que bien loin d'y trouver le moindre vestige de la fole
passion, dont on le charge, on n'y decouvrira au contraire que des Le-
çons de pieté, des Maximes de salut, & des Conseils qui conduisent à la

pratique de la plus haute vertu : Que d'ailleurs dès qu'il eſt prouvé que les Freres Cadiere ont écrit les Lettres de leur Sœur, il faut ou convenir que les Lettres du Pere Girard ſon innocentes, & qu'elles ne ſont pleines que des traits de l'amour Divin, dont il étoit embraſé, ou qu'ils étoient les complices de ſes ffames inceſtueuſes.

Et dans ſon diſcours, qui eſt à la tête du cayer des Lettres, il ajoûte que pour juger de l'innocence de ſes Lettres, il ſuffit de les comparer avec celles de la Cadiere ; & que la Lettre de celle-ci du 25. Juillet, qui eſt la réponſe à la ſiene du 22. ſuffit pour faire voir qu'il n'y a aucun venin ; & pour tacher de perſuader que ſes Lettres n'ont pas été refaites, il dit 1º. Que ſi elles l'avoient été, on les auroit purgées de tout ce qui peut ſe reſſentir encore de Quietiſme, ou d'amour, & qu'il en auroit retranché les termes *de ma chere Enfant, ma petite Fille, mon Ange* qu'on trouve dans les Lettres des plus grands Saints à leurs Penitentes, & même dans celles de St. François de Sale, des pareiles expreſſions, & même des plus fortes que dans les ſienes ; & qu'enfin la Cadiere les a reconnuës lors de la variation. Voilà tout ce que le Pere Girard opoſe pour tacher d'éluder la force de cette preuve ; mais que ſes efforts ſont impuiſſans !

Car 1º. Il eſt certain qu'on ne peut pas juger du venin d'amour des Lettres de l'Accuſé, par les Lettres de la Cadiere, en voici une raiſon bien ſenſible. Si elle avoit écrit elle-même ſes Lettres, & que ſon cœur s'y fût épanché ſans gêne & dans le ſecret, ce ſeroit le cas où l'on pourroit juger des Lettres du Pere Girard par les ſienes ; mais d'abord qu'il eſt prouvé & convenu qu'elle ne faiſoit que dicter ſes Lettres à ſes Freres ; que le Dominicain en écrivoit la minute ſous ſon dictamen, & ſon Frere l'Abbé le mis au net, elle étoit obligée de purifier extrêmement ſes expreſſions & ſes ſentimens, & ſes Freres n'auroient pas été capables de lui paſſer des expreſſions plus fortes ; il y en a même qui le ſont encore beaucoup, parce que ne voyant pas les Lettres du Pere Girard, & ne pouvant pas ſoupçonner qu'il y eût rien de mauvais entre le Directeur & ſa Penitente, qu'ils regardoient alors avec tout le Public, comme des Saints, ces expreſſions qui paroiſſent aujourd'hui venimeuſes, après la decouverte de ce miſtere d'iniquité, leur paroiſſoient alors innocentes, parce qu'elle les leur cachoit avec tant de ſoin, & qu'il lui avoit défendu d'en rien dire, même au Confeſſeur du Couvent, au cas qu'elle s'en confeſsât.

C'eſt pour cela qu'il lui avoit envoyé un formulaire de confeſſion, avec deffenſe de rien dire de plus à un autre Confeſſeur, comme il eſt, prouvé par la Procedure, & ce qui ne permet pas de douter de cette verité, c'eſt que quoique ſa Lettre du 22. Juillet ſoit petilante d'amour & de paſſion, & qu'il n'oſe pas entreprendre d'en excuſer les endroits les plus forts par aucun commentaire, cependant la Lettre de la Cadiere du 25. du même mois, qui eſt la reponſe à cette Lettre, ne contient rien que de moderé, d'exempt de ſoupçon, ſi l'on en excepte ces mots.
Je vous attens avec impatience pour raſſaſier la faim que vous avez de me voir ; ne ſoyez point en peine de vôtre bien, il vous eſt tout devoüé ; venez au plus-tôt contenter vôtre petite curioſité : mais à condition que ma ſoumiſ-ſion vous dedomagera une fois pour toutes de vos peines, & que vous ne compterez plus avec moi ſi exactement pour l'avenir ; peut-être que mon obéiſſance vous donnera lieu de retracter ces petits reproches ſur ce ſujet : Termes qui paroiſſoient alors innocens à ſes Freres, dans cette faſcination de prétenduë ſainteté où l'Accuſé les avoit jettez avec tout le Public, & dont

on ne fent aujourd'huy le venin que par toutes les autres preuves qui manifeftant ce commerce. De là il s'enfuit d'une part que l'Accufé ne peut pas dire que s'il y avoit eu du mal dans fes Lettres, les Freres Cadiere en auroient été les complices ; & de l'autre qu'on puifse juger de fes Lettres par celles de la Cadiere, & que d'abord qu'on ne trouve pas dans celles-ci des preuves éclatantes de cette inceftueufe flàme, on n'en peut pas fupofer dans celles du Pere Girard, puifque nous venons de lui prouver d'une maniere invincible combien les réponfes de la Cadiere étoient differentes des Lettres qu'il lui écrivoit, & que la Lettre du 25. juillet comparée à la fienne du 22. en fournit une preuve fans replique.

A l'égard des pretextes qu'il emploit pour prouver qu'il n'a pas refait les Lettres qu'il produit, ils ne fçauroient être plus pitoyables 1°. *Si j'avois refait mes Lettres*, dit-il, *il n'y auroit rien qui fe reffentît ni du Quietifme ni de l'amour.* Mais outre qu'il eft fi difficile à un Quietifte & à un amant de parler un langage qui ne fe reffente ni de l'un ni de l'autre, d'ailleurs cette refection n'a eu pour objet que de retrancher les expreffions les plus craintes & les plus criminelles, que nul Commentaire ne pouvoit fauver, comme font celles de la Lettre du 22. Juillet. Et pour rendre cette refection moins frapante, ne falloit-il pas neceffairement laiffer fubfifter, ou employer quelques-unes de ces expreffions moins fortes, & dont on pouvoit fauver le fens, en les envelopant avec des termes confacrez à la pieté, & en faifant femblant de les adreffer à Dieu, au lieu que dans les Originaux elles étoient adreffées à fon Idole de chair. Voilà pourquoi il a laiffé fubfifter, ou il a employé dans les Lettres refaites les termes de *ma chere Enfant*, *ma petite Fille*, *mon Ange* & autres.

20. On trouve, dit-il, *dans mes autres Lettres les mêmes expreffions que j'ay employées dans celle du 22. Juillet ; ce qui doit faire expliquer celle ci par les autres, & prouver qu'elles n'ont point de mauvais fens.* La rufe eft fans doute bien groffiere. Il a crû qu'en employant dans fes Lettres refaites quelques expreffions femblables à celles de fa Lettre du 22. Juillet, il viendroit à bout de perfuader que cette Lettre ne peut avoir aucun mauvais fens : Quel aveuglement ! Mais ces expreffions femblables qu'il a affecté de jetter dans fes Lettres refaites, ne font-elles pas employées avec d'autres qui leur donnent un fens & une aplication bien differente ? En effet, quand il emploit dans les autres Lettres, par exemple, ces termes, *oubliez-vous & laiffez faire*, mis dans la Lettre du 22. Juillet, il les emploit toûjours avec d'autres termes qui en corrigent le mauvais fens : Il dit, oubliez-vous & laiffez faire à Dieu, ou à l'efprit de Dieu, & autres expreffions femblables, au lieu que les expreffions employées dans la Lettre du 22. Juillet font telles, que rien n'en peut fauver le mauvais fens. Au refte il feroit bien en peine de nous prouver que St. François de Sale, ni aucun Saint, euffent écrit à leurs Penitentes des Lettres femblables à celle du 22. Juillet ; qu'ils les euffent baifées ; qu'ils leur euffent donné la difcipline ; ni qu'ils fe fuffent enfermez avec elles tous feuls dans une Chambre ; qu'ils euffent touché leurs Côtes, manié leur Sein, baifé leurs Stigmates, & fur tout celuy du cœur, & contemplé tout le Corps : S'ils avoient tenu une pareille conduite, ils ne feroient pas expofez aujourd'hui fur des Autels à la veneration des Fidéles, & Rome n'auroit pas donné les mains à leur Canonifation. Cette forte de fainteté ne pourroit convenir qu'aux Prêtres de Citere, fi connus aux Jefuites, dont ils parlent dans leurs in-

fames

fames & ordurieres Chanſons , par eux repanduës à la Place des Prêcheurs le 6. du courant. Enfin il eſt certain que lors de ſa variation
elle n'avoit point averé les Lettres produites par le Pere Giraid, comme il eſt prouvé par la confrontation mutuelle de la Cadiere avec les
Freres.

Voilà toutes les raiſons que l'Accuſé emploit pour perſuader que les
Lettres n'ont pas été refaites, entierement détruites : Voici maintenant
les preuves que nous avons de leur refection.

La premiere ſe tire de ce que ſi les Lettres qu'il vouloit écrire à la
Cadiere ne devoient rien contenir de mauvais, n'auroit-il mis ſa Penitente au Couvent d'Ollioules, qu'à condition qu'elles ne paſſeroient
point par les mains de l'Abbeſſe, ni les Réponſes que la Cadiere luy
faiſoit ?

En vain il opoſe que c'eſt une coûtume que les Lettres du Confeſſeur
à ſes Penitentes , & celles des Penitens à leur Confeſſeurs, ſont diſ-
penſée de cette formalité, & que s'il avoit pris cette précaution , ce
n'étoit que pour dérober à l'Abeſſe la connoiſſance des merveilles que
Dieu operoit en la perſonne de la Cadiere. 1º. Cette prétenduë coûtume, dont cet exemple prouveroit ſi bien l'abus, n'eſt point veritab-
ble , & rien ne le prouve mieux que la précaution particuliere que l'Accuſé avoit priſe ; car ſi la coûtume avoit diſpenſé ſes Lettres & celles
de ſa Penitente de paſſer ſous les yeux de l'Abeſſe, il n'auroit pas eu
beſoin d'en faire un pacte & une condition dès l'entrée de ſa Devote
dans ce Couvent, & cette plus grande précaution qu'il auroit voulu
prendre au-delà de la coûtume, ne prouve-t'elle pas toûjours combien il croyoit qu'il luy étoit important que l'Abeſſe ne lût pas ſes Lettres? En effet, auroit-il été bien aiſe qu'elle eût lû ſa Lettre du 22. Juillet?

En ſecond lieu, c'eſt bien vouloir ſubſtituer évidemment le menſonge
à la verité , de dire que quand il avoit pris cette précaution , c'étoit
pour ne pas manifeſter les miracles de ſa Penitente ; car 1º. N'avons-
nous pas prouvé qu'au lieu de les cacher, il les publioit luy-même, &
qu'il donnoit pour des prodiges de la grace ce qu'il ſçavoit n'être que
les effets de l'obſeſſion dans laquelle il l'avoit jettée ? 2º. Ne voit-on
pas que toutes ces Lettres rouloient ſur toute autre choſe que ſur les
merveilles de ſa Penitente ? 3º. Comment auroit-il voulu faire un miſtere à l'Abeſſe de ce qui arrivoit d'extraordinaire à la Cadiere , tandis
qu'elle en étoit le premier Témoin oculaire avec toute ſa Communauté,
& que la Maîtreſſe des Novices en tenoit un mémoire, ſuivant l'ordre
du Pere Girard ? Doncques la précaution que celui-ci avoit priſe de ſouſ-
traire à l'Abeſſe ſes Lettres & celles de ſa Penitente , ne pouvoit avoir
d'autre motif que celui qu'elles étoient pleines de ſentimens de tendreſſe
& d'amour ; ce qui eſt une premiere preuve de la refection de celles
qu'il a produites.

La ſeconde ſe tire de la précaution qu'il prit de retirer toutes ſes Lettres lorſqu'il ſçût que M. l'Evêque vouloit donner un autre Confeſſeur à
la Cadiere ; car ſi ſes Lettres avoient été telles que ſont celles qu'il produit, & qu'il dit être des preuves de la pureté de ſa morale , de ſes
intentions & de ſa ſainteté [car c'eſt ainſi qu'il ſe loüe ſi follement]
les auroit-il retirée avec tant d'empreſſement ? Auroit-il envoyé pour
cela à Ollioules la Gravier , une de ſes Penitentes ſtigmatiſées & de
ſes favorites ?

Le prétexte qu'il emploit pour colorer cette démarche, eſt à la verité
ſingulier. Il le tire de ſa Lettre du 22. Août 1730. qu'il a ſi évidemment

M

refaite & fabriquée : Et voici en quoi il le fait confifter. Il dit qu'une perfonne luy ayant parlé du contenu au Mémoire du Carême, & ayant préfumé par là qu'il y en avoit une autre copie au-delà de celle qu'elle lui avoit remife, il lui ordonne de lui marquer fi elle a donné cette autre copie, ou fi on la lui a prife dans fa caffette, & que dans ce dernier cas, elle luy envoye par la perfonne qu'il lui adreffe tous les papiers qu'elle peut avoir, fes Lettres, celles d'autrui, &c. dans un paquet, & qu'elle en porte fa plainte à la Superieure ; & que fi c'eft elle qui foit la coupable de la communication de ce Mémoire, il n'y a rien à faire ni à dire de tout ce qu'il venoit de luy marquer ; c'eft-à-dire que fi la Cadiere par vanité ou par fourbe avoit communiqué ce Mémoire, il ne vouloit pas retirer fes Lettres, & vouloit les lui laiffer ; & fi au contraire on lui avoit pris ce Mémoire, il vouloit retirer fes Lettres & tous fes autres papiers, & qu'elle n'avoit qu'à lui renvoyer tout cela dans un paquet.

Le ridicule de ce pretexte ne faute t-il pas aux yeux ? Quoi ! Si un cas fortuit, fans la faute de la Cadiere, a donné lieu à la communication du Mémoire du Carême ; comme par exemple fi par megarde elle avoit laiffé fa Chambre ou fa Caffette ouverte, alors il ne fe borne pas à lui ordonner d'agir à l'avenir avec plus de circonfpection pour éviter un pareil inconvenient une feconde fois, il perd irrevocablement toute confiance pour elle, & veut qu'elle lui renvoye toutes fes Lettres & tous les Papiers qu'elle avoit à lui.

Et fi au contraire elle a repandu par affectation & par mauvaife foi ce Carême contre fa défenfe, cela ne diminuë point la confiance qu'il a pour elle ; il ne craint pas qu'elle communique fes Lettres, comme elle a fait fon Mémoire, & veut par un redoublement de confiance que fes Lettres demeurent au pouvoir de fa Penitente, qu'il regarde alors comme infidéle : Quel virement d'idées eft donc celui-ci, pour emprunter un terme du commerce ? Ce pretexte ne choque-t-il pas les lumieres du fans commun ? Et peut-il avoir été le motifs de cette demarche ? Bien d'avantage, fur le pied de cette Lettre, la Demoifelle Cadiere ne lui auroit pas renvoyé celles qu'elle avoit à lui, puifque fuivant cette Lettre il ne vouloit qu'elle lui en fit le renvoi, qu'au cas que le Carême lui eût été enlevé. Or il ne lui avoit pas été enlevé, puifqu'elle l'avoit donné à fon Frere le Dominicain ; & que fi M. l'Evêque, qui étoit la perfonne dont parle le Pere Girard dans cette Lettre, l'avoit vû, c'eft parce que l'ayant fçû par l'Abbé Camerle, fon Secretaire, qui avoit accompagné le Dominicain, il avoit forcé celui-ci à le lui montrer. Doncque la Demoifelle Cadiere ne lui auroit pas renvoyé ces Lettres, puifque fuivant lui il ne les auroit pas demandées dans ce cas.

Ce n'eft pas dans cette Lettre refaite du Pere Girard qu'il faut aller chercher le motif de cette demarche, c'eft dans la Lettre de la Guiol du 30. du même mois ; & ce motif eft le même que celui de ce redoublement de defolation, fi bien depeint dans cette derniere Lettre ; c'étoit la crainte defolante de perdre cette chere Penitente, que M. l'Evêque vouloit alors mettre en d'autres mains, & la crainte où il étoit que fi fes Lettres lui réftoient après qu'elle feroit fortie de fa direction, elles ne peuffent un jour paroître, & le convaincre de ce miftere d'iniquité qu'il avoit tant d'interêt de cacher. Voilà la veritable raifon & la feule qui lui fit retirer fes Lettres avec tant d'empreffement fur la fin du mois d'Août 1730 & qui eft une fi belle preuve qu'elles étoient de la même qualité, que celle du 22. Juillet, & qu'il a refait celles qu'il produit aujourd'hui.

La troifiéme preuve fe tire de ce qu'il eft juftifié par la Procedure que le Pere Girard écrivoit deux fortes de Lettres à la Demoifelle Cadiere ; qu'il lui en écrivoit quelques unes pleines de morale pour en faire montre, qu'il fignoit & qu'il affectoit de faire paffer fous les yeux de l'Abbeffe, & les autres étoient des Lettres de tendreffe & d'amour, qu'il ne fignoit point, & qu'il faifoit paffer immediatement dans les mains de fa Penitente. Cette difference eft prouvée non-feulement par les Lettres des 22. Juillet & 15. Septembre, dont la premiere, pleine d'amour, n'eft point fignée ; & l'autre, qui eft d'une autre qualité, eft fignée par l'Accufé ; mais encore par des Témoins, & fur tout par la Bataiele, qui dit dans fa confrontation avec le Pere Cadiere, qu'elle avoit porté tout à la fois trois Lettres du Pere Girard au Couvent Ste. Claire d'Ollioules, dont il y en avoit une pour l'Abbeffe, & les deux autres pour la Cadiere, & que de ces deux dernieres elle en remit une à l'Abbeffe [qui étoit la Lettre indifferente] & l'autre immediatement à la Demoifelle Cadiere [c'étoit la Lettre de tendreffe.] L'accufé n'a fçû que repondre à cette preuve.

La quatriéme preuve de la refection de fes Lettres, fe tire de la difference infinie qu'il y a entre les Lettres qu'il reprefente & celle du 22. Juillet. Ces premieres font des Lettres ferieufes d'un Directeur fpirituel, ou qui tache du moins de le paroître, & elles font fignées ; l'autre au contraire eft une Lettre badine, galante & paffionnée d'un Directeur charnel & d'un Amant, & elle n'eft pas fignée. Qu'on compare cette Lettre avec les autres, & l'on verra s'il n'y a pas autant de difference qu'il y en a entre la nuit & le jour ; entre le blanc & le noir, ce qui eft une derniere preuve fans replique que les Lettres qu'il a produites ont été refaites. Toutes ces raifons reünies enfemble, permettent-elles de douter de leur refection, & qu'elles ne fuffent de la même qualité que celle du 22. Juillet ? Ainfi il faut juger de ces Lettres retirées, par celle qui eft reftée comme par miracle à la Cadiere. Voyons maintenant fi cette Lettre du 22. juillet eft auffi pure & auffi propre pour fa juftification que l'Auteur des Refllexions generales qui font à la tête du Recüeil des Lettres, qui fe croit aparemment le fecret de metamorphofer les chofes, le dit ; Mais fi cela eft, d'où vient qu'il n'a fçû donner aucune explication aux endroits que nous avons raportez dans nôtre premier Memoire, comme la preuve de fon amour inceftueux pour fa Penitente ? D'où vient qu'il n'a pû les fauver par aucun Commentaire, ni rien repondres aux Obfervations effentielles que nous avons faites là-deffus, & qu'il a gardé fur tout cela un filence abfolu, fi l'on en excepte le pretexte que cette Lette eft juftifiée par les deux precedentes de la Cadiere des 21 & 22. Juillet, & par celle du 25. qui eft la reponfe à celle de l'Accufé du 22. mais n'avons-nous pas fait voir que fi les Lettres de la Cadiere ne renfermoient rien de mauvais, c'eft parce qu'elles paffoient par le canal de fes Freres qui les purifioient, & parce qu'elles ne leur dictoit rien qui pût leur ouvrir les yeux fur ce miftere d'iniquité, comme nous l'avons montré ? Ainfi on ne peut juger de la Lettre du Pere Girard du 22. Juillet que par elle-même ; & pour cela rapellons-en ici quelques fragmens, & interpellons l'Accufé de nous les expliquer lui-même.

Voici, ma chere Enfant, la troifiéme Lettre en trois jours. Bien-tôt peutêtre ne pourrai-je plus rien faire que pour celle à qui j'écris.... Toûjours fçai-je bien que je la porte par tout, & qu'elle eft toûjours avec moy, quoique je parle & que j'agiffe avec d'autres perfonnes. N'eft-ce pas là un Amant qui dit à fa Maitreffe qu'il eft tranfporté d'amour pour elle, qu'il lui écrit tous les jours, qu'il ne s'occupe que d'elle, qui en eſt tout poſſedé, qui en parlant, en agiſſant avec d'autres, ſemble ne parler & n'agir qu'avec elle, qui ne vit plus qu'en elle, & pour emprunter ſes propres termes, *qu'il la porte par tout, & qu'elle eſt toûjours avec luy?* Quels termes, quelles expreſſions plus fortes peut employer un Amant le plus paſſioné, auprès d'une Maitreſſe qu'il adore?

Oubliez-vous & laiſſez faire, ces deux mots renferment la plus ſublime diſpoſition. Que ſignihent ces expreſſions miſes immediatement après celles que nous venons de raporter, & dans la bouche d'un homme dont le cœur eſt ſi enflamé d'amour, & ſuivies de ces autres, *n'ayez point de volontez, & n'écoutez point de repugnance, vous obeïrez en tout comme ma petite Fille, qui ne trouve rien de difficile quand c'eſt ſon Pere qui demande &c.*

J'ay une grande faim de vous revoir & de tout voir; vous ſçavez que je ne demande que mon bien, & il y a long-tems que je n'ay rien vû qu'à demy. S'il regardoit ſa Dévote, ou le Cœur de celle-ci comme ſon bien; il en étoit donc ſe Poſſeſſeur, & il croyoit d'être en droit de parler ainſi après lui avoir juré au commencement de ſa Lettre, qu'elle poſſedoit ſon cœur tout entier. Cette grande faim, qu'il avoit de revoir ſa chere Dévote, avec laquelle il venoit pourtant de paſſer des jours entiers à la Grille, n'étoit-elle que l'effet de la charité moderée de la direction, ou de l'impetuoſité de l'amour qui fait trouver dans un ſeul jour d'abſence toute la longueur d'un mois, & quelque fois d'une année? Mais cette faim de tout voir, & cette inquiétude de n'avoir rien vû qu'à demi depuis long-tems, que ſignifient-elles? Cruelle ſituation pour nous; il nous faut ici ou prévariquer, ou ſortir des bornes de la pudeur; *Prævaricandum mihi eſt ſi pudorem habeo.* Franchiſſons les, puiſqu'il le faut, avant que de trahir la défenſe de l'innocence & de la verité; & préferons ici l'interêt de la Religion à des regles de bien-ſeance qui ne ſont faites que pour lui ceder, & que la Juſtice condamne lorſqu'elles lui cachent la verité, qui eſt ſon Principal objet; duſſions-nous encore une fois être expoſé au reproche inſenſé de plume ſouillée par le recit des plus honteuſes ordures. Il dit qu'il veut tout voir? c'eſt-à-dire, qu'il veut contempler à nud tout le corps de ſa Devote, comme il avoit fait le 7. du même mois de Juillet, jour de la Transfiguration, qu'il étoit entré dans ſa Chambre, & qu'il y avoit demeuré trois heures enfermé avec elle, depuis neuf heures du matin juſqu'à midi, comme nous le montrerons dans un moment; & s'il ajoute que depuis lors, qui lui paroiſſoit un long tems pour un cœur amoureux & impatient, il n'avoit rien vû qu'à demi, c'eſt parce que la gêne de la Grille, même par l'ouverture par laquelle il faiſoit paſſer la moitié du corps de ſa Penitente, il n'avoit pas pû tout voir, & n'avoit vû qu'à demi: C'eſt là le ſeul ſens qu'on peut donner à ces paroles; je veux tout voir, il y a long-tems que je n'ai rien vû qu'à demi.

Je vous fatiguerai; he bien, ne me fatiguez-vous pas auſſi? Il eſt juſte que tout aille de moitié. Nous aurions beſoin ici de la pureté de Sanchez pour expliquer, ſans bleſſer les oreilles chaſtes, la qualité de cette fatigue reſpective, & comment tout alloit de moitié, entre ce zelé Directeur & ſa chere Penitente. S'il avoit parlé d'un Mary & d'une Femme, & qu'il eût voulu leur preſcrire tous les devoirs de l'union Conjugale, qu'auroit-il pû faire de mieux que de leur dire, qu'il eſt juſte que tout aille de moitié? Que ces termes expriment bien cette communion de ſentiment, d'affection & de cœur, & ces termes, joints à ceux qui les precedent,

cedent,

eedent , n'expriment ils pas bien ce commerce Inceſtueux qu'il y avoit entr'eux ?

Je compte bien qu'enfin vous deviendrez ſage ; tant de graces & d'avis ne demeureront pas inutiles . ... Vous êtes une inconſtante ; ce ſeroit bien pis ſi vous deveniez gourmande. .... Bon ſoir ma chere Enfant , pourrez vous déchiffrer mon griffonage ? Il y auroit trop à ſouffrir pour la pudeur de ſonder encore ici les idées qui ſont envelopées ſous ces termes : *Vous êtes une inconſtante ; ce ſeroit bien encore pis ſi vous deveniez gourmande,* nous ne lui avons déja fait que trop de violence : Mais au moins faut-il convenir que cet air galant, familier & badin , même ſur la grace , convient bien peu à un Directeur Spirituel, & ne peut convenir qu'à un Directeur Charnel & à un Amant. Nous demandons au Pere Girard s'il oſerois tenir un pareil langage à une de ſes Devotes en preſence de pluſieurs perſonnes ?

Comptez bien ; cette Lettre - ci vous dit que vous venez toûjours après moi : Il eſt dangereux que vous ne m'atteigniez pas , à moins que vous n'en écriviez deux par jour. Un Amant paſſionné , qui veut témoigner à ſa Maîtreſſe ſes empreſſemens & ſa paſſion , & qui veut l'engager à repondre à ſa flâme, peut il rien dire de plus tendre & de plus engageant ?

Adieu ma fille , priez pour vôtre Pere , pour vôtre Frere , pour vôtre Ami , pour vôtre Fille, & pour vôtre ſerviteur. Voilà bien de titres pour intereſſer un bon cœur. Que la fin de cette Lettre repond bien au commencement & à tout le reſte de ſa teneur. Que de titre tendres cumulez pour embraſer toûjours le cœur de ſa Penitante. Voilà qu'elles ſont nos réflexions ſur cette Lettre, ſi elles ne çonviennent pas à l'Accuſé, qu'il nous faſſe part des ſiennes; qu'il nous explique luy-même tous ces differens endroits, & qu'il en faſſe un Commentaire, qui puiſſe purger cette Lettre de ce feu inceſtueux, qui eſt repandu ſur toutes les expreſſions qu'elle contient : Qu'il nous faſſe voir qu'il n'y a rien là qui excede les bornes d'un Directeur Mixtique , comme il ſe dit à tout moment ; & ſi c'eſt là le ſtile des Directeurs Mixtiques. Un pareil Commentaire de ſa part eſt un miracle, qui a été juſqu'ici au deſſus de ſes forces & qui paſſeroit de beaucoup tous ceux qu'il faiſoit faire à la Cadiere par les preſtiges de ſon obſſeſſion, ou autrement. Qu'il nous cite maintenant quelque Lettre de Saint François de Sale, quelque Lettre de quelque Saint Directeur, qui ait pouſſé les ardeurs de la charité de la directió juſques là. Cette Lettre prouve donc non ſeulement ſa flâme inceſtueuſe pour ſa Penitence, mais encore ſon cómerce actuel, & n'euſſions nous qu'elle pour toute preuve , elle nous ſuffiroit pour le convaincre de ſon Inceſte Spirituel. Paſſons maintenant à celle de la Guiol du 30. Août 1730. dont il n'a pas oſé diſconvenir d'être l'Auteur comme toute ſa teneur, qui eſt ſon pur ſtile, le prouve ſi bien, & faiſons en une Analiſe.

Ma tres-chere ſœur, Lundy en arrivant à Toulon vers l'heure du midi, je me fus deſcendre à la Porte des Jeſuites. Ce mot me, a été mis par l'Accuſé pour tâcher, mais inutilement, de deguiſer ſon ſtile. Comme la Guiol étoit la meſſagere du Pere Girard auprès de la Cadiere, il ne faut pas être ſurpris ſi au retour d'Ollioules, où il l'avoit envoyée exprès pour negocier la paix & la réünion, & pour lui perſuader de ne pas changer de Directeur, elle fut deſcendre directement à la porte des Jeſuites, & non pas à la Maiſon de ſon Mari.

Je vis un moment nôtre cher Pere abîmé dans la derniere deſolation ; il me dit d'abord que ſi j'avois quelque choſe de deſolant à lui dire , je n'avois qu'à me taire, & que je ne manquaſſe pas d'aller lui écrire ſur le champ, & lui porter ma Lettre , après ſon Sermon aux Dames de Ste. Urſule ; ce que je fis avec beaucoup de difficulté.

D'où vient que le Pere Girard étoit abîmé dans la derniere des defola-
tions,& quel en étoit le fujet?M.l'Evêque vouloit alors donner à la Cadiere un autre Directeur,& il craignoit tout à la fois la perte d'une Maîtreffe qu'il aimoit paffionnement , & la decouverte du miftere d'iniquité
qu'il y avoit eu entre lui & fa Penitente. Voilà ce qui l'avoit jetté dans la
derniere des defolations.S'il n'avoit eu à craindre aucune decouverte fâ-
cheufe,pourquoi cette defolation extrême?La perte d'une Penitente cou-
te t-elle tant à un Confeffeur qui auroit borné fon miniftere à la charité de la Direction? Le Pere Girard qui , à fon aparence , femble ne re-
chercher que les mortifications & les croix , doù vient que d'abord qu'il
voit paroître fa chere Confidente ne veut augmenter de rien fa defolation , & lui défend de parler fi elle a quelque chofe de défolant à lui dire , & recule cette trifte nouvelle jufqu'après la Prédication qu'il devoit
faire de peur de n'être mis par là hors d'état de prêcher ? Le cœur d'un
Directeur eft-il donc une mer fi orageufe ?

Je mis fur le papier ce que nôtre grand Dieu m'infpira. Nous joindrons
ces termes aux autres femblables , qui font dans le refte de la Lettre.*J'ai
été ce matin le voir de retour de la camp agne depuis le foir de St. Auguftin ;
je ne fçai fi au dernier moment de fa vie,il fera plus mourant qu'aujourd'hui ;
je lui ai demandé quelle étoit fa difpofition , & fi fa doulenr étoit toûjours la
même ; il m'a repondu avec grande confiance que fon amertume augmentoit de
moment en moment,& que ce matin en s'éveillant il avoit eu un redoublement
de defolation, qui m'a donné à comprendre qu'il lui ôtoit entierement la parole.*Que la peinture que l'Accufé faifoit à fa Maîtreffe par la main de fa
Confidente , de la fituation de fon cœur , étoit éloquente & touchante,
& quel cœur de marbre ne fe feroit pas ramoli ? Mais encore un coup ,
pourquoi,Pere Girard,étiez-vous alors plus mourant que vous ne le fe-
rez au dernier moment de vôtre vie? Pourquoi vôtre amertume augmen-
toit-elle de moment en moment ? Pourquoi en vous éveillant aviez-vous
eu ce redoublement de defolation qui vous ôtoit entierement la parole?
La perte d'une Maîtreffe adorée a-t-elle jamais tant coûté à l'Amant
le plus paffionné , Et l'êpanchement de vôtre cœur dans le fein de vôtre
Confidente,qui poffedoit toute vôtre confiance,n'aportoit-il aucun foulagement à l'excès de vôtre douleur , Et la promeffe qu'elle vous faifoit
d'employer tous fes foins auprès de vôtre chere Devote, pour vous rega-
gner fon cœur & pour vous l'affurer , ne l'adouciffoit-elle point , D'où
vient que vôtre Confidente vous demande fi vôtre douleur étoit toûjours
la même , Quel état violent pour vous depuis ce funefte moment où M.
l'Evêque avoit refolu de donner un autre Directeur à la Cadiere,

*Ma tres - chere Sœur,je vous laiffe à penfer à quel point doit être l'excés de
ma triftеffe , voyant les deux perfonnes que j'aime & que j'eftime le plus au
monde reduites à la derniere des épreuves , & tout cela,qui en eft la caufe,
c'eft vous, ma très-chere Sœur, il ne faloit de vôtre part qu'un mot de réponfe fur le champ, avec grande fimplicité & l'on auroit été en paix.* Quoi !
Un mot de réponfe de la Cadiere,par lequel elle eût affuré le Pere Girard
qu'elle ne le quitteroit poins , fuffifoit pour calmer ce grand orage , &
pour redonner à fon cœur agité & defolé toute fa tranquillité,Quel prodige ! La Cadiere étoit donc la caufe de toutes vos agitations inconcevab-
bles. Elles pouvoit par un feul mot , ou jetter la defolation & le defef-
poir dans vôtre cœur , ou leur faire fucceder le calme & la paix ? Que le
pouvoir d'une Maîtreffe cherie eft grand ! La Guiol n'étoit pas infenfible
aux peines de ces deux Amans.

Quoi qu'il en foit , Vendredi fa charité le conduira à Ollioules,après avoir dit la Meffe ici à Toulon. Ma tres-chere Sœur , je vous demande en grace , par les merites de Jefus-Chrift , de lui parler avec toute la fincerité qu'il vous fera poffible , puis qu'il veut bien vous confoler ; faites en forte qu'il le foit à fon tour. La charité qui devoit conduire le Pere Girard à Ollioules , & qui étoit la même qui lavoit jetté dans ce redoublement de defolation étoit bien ardente ; c'étoit là le voyage de la reconciliation : La Confidente avoit foin de prevenir les cœurs , & d'infpirer à l'un & à l'autre des fentimens qui peuffent aboutir à une confolation commune.

Vous n'ignorez pas que la grande part que je prends à ce qui vous concerne , me donne la liberté de vous parler de la forte. Je finis en vous temoignant toute la part que je prends à la confolation que vous recevrez Vendredt , jour deftiné au plus grand de tous vos bonheurs. Que la Guiol eft habile en médiation d'amour ! Qu'elle fça-v oit bien exagerer & vanter à la Cadiere toute la douceur de cette nou velle entrevûë & de cette reconciliation !

Cette Lettre prouve donc invinciblement l'excès d'amour du Pere Gi-rard pour fa Penitente , & même fon commerce avec elle : Elle ne prou-ve pas moins clairement que la Guiol étoit la confidence de ces deux Amants , & qu'elle en rempliffoit parfaitement bien la fonction. Au moment qu'elle les voit broüillez , elle va faire un voyage au Couvent d'Ollioules pour difpofer la Cadiere à la reconciliation : A fon retour elle va defcendre chez les Jefuites pour rendre compte de fon voyage au Pere Girard ; elle luy demande fi fa douleur eft toûjours la même ; il luy en fait une confidence entiere ; elle prend part à fa défolation ; elle en fait une peinture touchante à la Cadiere pour l'attendrir ; elle fe rend fenfible à leurs peines communes ; elle la prie inftamment , la con-jure par tout ce qu'il y a de plus fort , de fe rendre facile à cette re-conciliaiton ; elle luy en découvre les moyens ; elle luy en vante les dou-ceurs : Peut-on méconnoître fa fonction à tous ces differens traits ? Et ce qu'il y a encore de plus indigne , c'eft de voir que l'Accufé & la Guiol, par une profanation facrilege , abufoient de ce que la Réligion a de plus faint & de plus refpectable; pour ce miftere d'amour inceftueux. Quelle abomination !

Auffi cette Lettre a parû fi accablante à l'Auteur du Factum de l'Ac-cufé , que ne fçachant qu'y répondre , il n'a pas ofé en parler , & a gar-dé là - deffus un profond filence : Mais l'Auteur des Obfervation & des Notes fur les Lettres ? plus hardi , a dit dans le Sommaire qu'il a fabriqué à la tête de cette Lettre , que la défolation dans laquelle étoit alors le Pe-re Girard , n'avoit pour caufe que la découverte qu'il avoit faite de tant d'impietez & de tant d'impoftures de la Cadiere ; que cependant M. l'E-vêque de Toulon , qui ignoroit tout cela , l'avoit preffé de retourner à Ollioules ; qu'il fe refolut d'y aller , & de fe fervir de cette occafion pour la porter à fe reconnoître , & à avoüer fa fourberie , mais que ce fut inu-tillement ; ce qui l'obligea de la quitter.

Mais ce prétexte eft évidemment faux & ridicule ; car 1°. Qu'apelle ici l'Accufé la découverte des impietez & des impoftures de la Cadiere ; Eft-ce la découverte que le Mémoire du Carême n'avoit pas été écrit par elle, mais par fon Frere le Dominicain ; Mais que ce Mémoire fût écrit par elle ou par le Dominicain , cela faifoit-il que les faits conte-nus dans ce Mémoire fuffent ou plus vrais ou plus faux; Ignoroit-il qu'elle ne fçavoit pas écrire , puifqu'il l'avoit frequentée fi affidûment pendant plus d'un an , & que par confequent elle ne pouvoit pas avoir écrit ce Mémoire ;

2. N'avoit-il pas reconnu le caractere du Dominicain par la premiere

Partie du Carême qu'il convient lui avoir été remife au mois de May 1730. & encore par la Lettre que le Dominicain avoit écrite à l'Abeffe d'Ollioules au fujet de l'entée de fa Sœur au Couvent, que l'Accufé convient d'avoir lûë chez la Cadiere au commencement de Juin? Donc c'eft une fauffeté évidente de venir dire que la découverte que le Mémoire du Carême & les Lettres de la Cadiere étoient écrits de la main du Dominicain, l'avoit jetté dans l'indignation & la douleur, & que cette indignation & cette douleur font le fujet de la Lettre de la Guiol du 30. Août, puifque depuis la remiffion de la premiere Partie du Carême, & la lecture de cette Lettre, il avoit témoigné tant d'ardeur pour fa Penitente.

3o. Le refte du Memoire du Carême ne fut-il pas remis au Pere Girard le 21. Août, comme il en convient par fa Lettre du 22? Si le caractere du refte de ce Memoire avoit dû faire fur l'efprit du Pere Girard un effet different de celui qu'avoit fait le caractere de la premiere partie de ce Caréme; fi cela avoit attiré à fa Penitente toute fon indignation, comme il le dit ici fauffement, & s'il l'avoit regardée alors comme une impie, & une fourbe, il n'auroit pas continué avec elle fon étroite liaifon, il ne lui auroit pas ordonné de lui écrire, comme il eft prouvé par la Lettre de la Cadiere du 5. Septembre qu'il a produite, en voici les termes. *Mon Reverend Pere, je n'oferois prendre la liberté de vous écrire fi vous ne me l'aviez commandé; c'eft donc par obéïffance que je le fais.* S'il avoit decouvert des impietez & de fourberies dans la Cadiere, & qu'il eût regardé alors les Etats extraordinaires dans lefquels elle étoit comme une comedie qu'elle eût joüé, auroit-il continué de s'en faire rendre un compte exact par toutes les Lettres qu'elle lui a écrites pofterieurement au 21. Août, jour de la remiffion du refte du Memoire du Carême, comme il eft prouvé par celles qu'il a produites? L'auroit-il forcée même à lui rendre un compte exact de tous les faits extraordinaires qui lui arrivoient, qu'il lui faifoit accroire être des Prodiges de la grace, comme il eft juftifié par la Lettre de la Cadiere du 9. Septembre, où après en avoir fait un detail à l'Accufé, elle ajoûte: *Je vous les cellerois ici fi l'obéïffance ne me forçoit à vous les reveler.*

En quatriéme lieu, comment peut il traiter d'impofture les faits contenus dans ce Memoire, qui font les Vifions, les Revelations, les faits d'Obfeffion, les Tranfigurations, les Stigmates, la Connoiffance des confciences, tandis que tous ces faits font prouvez, non-feulement par la Procedure, mais encore par fes propres avûs; qu'il fçavoit lui-même que la caufe de tous ces faits extraordinaires étoit l'Obfeffion, dont il étoit l'Auteur?

5o. Dira t'il que fa defolation extrême vient de ce que les faits extraordinaires de la Cadiere s'étoient repandus? Il n'ofe pas le dire, & comment le pourroit-il? puifqu'il eft prouvé par fa Lettre du 26. Juillet, que la Cadiere fétant fait une peine de ce que ce Memoire avoit été divulgué, il lui dit que cela ne lui en devoit faire aucune; car quoiqu'il fit femblant d'être fâché que ce Memoire fe repandît, il en étoit pourtant réellement bien aife, afin que cela augmentât toûjours plus la reputation de la pretenduë fainteté de fa Devote & de la fienne; rien ne fe prouve mieux que ces mots de la Lettre de la Cadiere du 21. Juillet. *Ménagez-moi, mon cher Pere, je vous le démande en grace, au moins pendant mon vivant, & tâchez d'écarter fi vous pouvez M. l'Evêque d'un femblable projet, qui ne me fait pas un trop grand plaifir.* Voici les termes de la Lettre du Pere Girard du 26. du même mois de Juillet. *Vous êtes frapée de ce que certaines chofes fe divulguent, & pour cela faut-il fortir du Monaftere .... Si le Pere de Sabatier,*

&

& M. l'Evêque font inftruits , ce n'eft pas ma faute ; je pourrois vous dire de qui elle eft ; mais quel mal y a t-il que ces deux perjonnages foient inftruits de ce qu'ils fçavoient deja , & de ce que fçavoient avant eux cent Femelettes à qui on l'avoit raporté ? Et n'avons-nous pas prouvé que le Pere Girard lui-même publioit les prodiges de fa Penitente, & qu'il la donnoit pour une Sainte ?

6°. Comment veut-il perfuader que ce redoublement de defolation , dont il eft parlé dans la Lettre de fa confidente du 30. Aout, peut proceder de ce qu'il avoir découvert l'impieté & la prétenduë fourbe de la Cadiere, puifque fi cela eut été, il auroit fallu qu'il l'eut quittée avec horreur fur le champ ? Cependant il eft prouvé par la Lettre du 15. Septembre, qu'il la régardoit encore comme une Fille d'une haute vertu ; qu'il la voyoit fortir de fa direction avec regret & malgré lui ; & qu'il lui offroit toujours fes fervices de fi bonne grace, que ce ne fut qu'alors qu'il lui renvoya les Livres qu'il avoit à elle, & qu'il lui demanda l'Hiftoire du Japon qu'il lui avoit prêtée ; & qu'il finit la Lettre par ces termes : *Je fuis & je ferai toûjours tout à vous.* Cette Lettre ne dement-elle pas bien l'impofture qu'on s'avife de nous opofer ici ?

7°. Comment veut-on que M. l'Evêque lui eut perfuadé fur la fin du mois d'Aout d'aller voir la Cadiere à Ollioules, tandis qu'il eft notoire & prouvé qu'alors ce Prélat avoit défendu à la Cadiere la direction du Pere Girard, & lui avoit dit qu'il lui donneroit un autre Directeur ? Et cela, foit parce que le Pere Girard lui avoit fait un miftere du Mémoire du Carême ; foit parce qu'il avoit fçu qu'il vouloit la tranfmarcher au Couvent des Chartreufes de Prémole vers Lyon. On voit bien par cette Lettre du 30. Aout, que l'Accufé ne fit pas ce voyage de l'ordre du Prélat, mais de l'avis de fa confidente.

8°. Toute la teneur de cette Lettre ne prouve-t elle pas que ce redoublement de defolation ne venoit que de la crainte où il étoit que M. l'Evêque ne lui ôtât cette chere Penitente & que fon fecret ne fut évanté ? C'eft pour cela qu'il faifoit tant d'efforts pour perfuader à cette Fille de refter dans ce Couvent & de fe faire Religieufe , parce qu'alors il comptoit de continuer fa direction malgré le Prelat, attendu que ce Couvent eft exempt de l'Evêque , & qu'il dépend de l'Ordre des Obfervantins.

En effet, s'il avoit été queftion ici de la découverte de la prétenduë fourbe & des impietez de la Cadiere, pourquoi employer le miniftere de fa confidente Guiol ? Pourquoi l'auroit-il envoyée à la Cadiere pour faire ceffer cette defolation extrême dans laquelle il étoit abîmé ? Pourquoi d'abord qu'elle arriva à la Maifon même des Jefuites, lui auroit-il défendu de parler, fi elle avoit quelque chofe de defolant à lui dire ? Pourquoi par la main de fa confidente auroit-il fait une fi touchante defcription de fon redoublement de defolation, qui lui avoit ôté la parole à fon reveil, afin d'attendrir le cœur de la Cadiere ? Pourquoi l'auroit-il fait conjurer de lui donner quelque confolation le Vendredy , que fa charité devoit le conduire vers elle, pour la confoler ? Pourquoi lui auroit-il fait une fi belle peinture de tous les attraits & de toutes les douceurs qui devoient accompagner le moment de leur reconciliation, & auroit-il apellé ce jour, un jour deftiné au plus grand de tous fes bonheurs ? Tout cela ne fait-il pas voir qu'il ne s'agiffoit ici que d'une Brouillerie d'Amans que cette induftrieufe confidente, fi fenfible à leurs peines, travailloit à reconcilier, & qu'il n'y avoit rien ici qui ne fût du feul miniftere de la Guiol ? Ces mots de Lettre, *il ne falloit de vôtre part qu'un seul mot de reponse sur le champ avec grande simplicité, & l'on auroit été en paix*, ne suffisent-ils pas pour le prouver?

Cette Lettre & celle du 22. Juillet, prouvent donc invinciblement la flame incestueuse dont ce Directeur brûloit pour sa Penitente, & qu'il étoit en commerce avec elle. Par quel excès d'aveuglement a-t'il donc fait imprimer ces deux Lettres en queuë de son Factum, pour en instruire l'univers entier, & pour porter lui-même jusqu'aux extremitez de la Terre les preuves litterales de ses crimes?

QUATRIE'ME PREUVE
Tirée des libertez criminelles.

Nous allons commencer par celles que le Pere Girard a avoüées lui même, & ensuite nous y ajoûterons celles qui sont prouvées par des Témoins. Voicy celles qu'il avoüe d'avoir prises sur sa Devote lorsqu'il étoit enfermé seul dans sa Chambre.

Par sa réponse au 73e. Interogatoire, il avoüe d'avoir vû quatre ou cinq fois les stigmates des pieds de la Demoiselle Cadiere, & il en fait la description.

Par sa réponse au 76e. Interrogatoire, il avoüe d'avoir vû le stigmate du côté, dont il fait une delicate description qu'il assaisonne de quelques mensonges, pour tâcher d'affoiblir la tentation : *76. S'il a vû la playe qu'elle avoit au côté ; A répondu qu'il l'avoit vûë, en effet la playe lui avoit parû peu enfoncée, ordinairement sanglante & large à peu près comme une Piéce de quinze sols, qu'il semble au Répondant que cette playe devoit être sur les fausses côtes, à peu près à quatre doigts au dessous du Teton gauche & du côté du Flanc ; & qu'il n'avoit jamais vû cette playe qu'avec la plus grande précaution & la plus grande modestie, n'y ayant rien alors de découvert que précisément l'endroit de la playe.* Si cette playe étoit ordinairement sanglante, il la voyoit donc ordinairement, sans quoi il n'auroit pas pû sçavoir qu'elle étoit ordinairement sanglante. Il n'auroit pas vû si souvent cette playe avec tant d'empressement & tant de sensualité, si tout le reste du Sein avoit été couvert, & qu'il n'y eût eu précisément de découvert que l'endroit de la playe. Si tout le reste eut été couvert, comment auroit-il pû sçavoir que de cette playe au Teton gauche il y avoit quatre doigts? Pour juger de la distance de cette playe au Teton, ne falloit-il pas reünir sous le mêmé coup d'œil le stigmate & le Teton, & les voir tous deux à la fois ? Quand un Geomettre veut sçavoir la distance qu'il y a d'un lieu à un autre & d'un terme à l'autre, ne faut-il pas qu'il voye les deux lieux ou les deux termes? Enfin pour voir quatre doigts au dessous du Teton de la Cadiere, il falloit, ou lui ôter son Corps, & embrasser tout son corsage par un coup d'œil, ou du moins la faire délacer par devant, & alors tout son Sein ne formoit qu'un angle visuel pour le Directeur. Il y a plus, il est certain qu'il avoit baisé souvent ce stigmate situé au voisinage de ce Teton gauche. Voyons si nous en trouverons quelque trace dans sa réponse envelopée au 78e. Interrogatoire : *Interroge s'il n'a jamais baisé cette playe ; a répondu que non ; mais que s'il l'avoit crû, & qu'il eut baisé cet ulcere, il l'auroit fait à l'exemple des Saints, ou par un esprit de Religion, ou par un esprit de mortification.* Cette reponse bien pesée renferme l'avû d'avoir baisé ce stigmate. Il est vrai qu'il en passe dabord brusquement negative, mais pressé ensuite par la verité, qui veut sortir malgré lui de sa bouche, il en fait un avû par ces termes, mais que s'il l'avoit crû, & qu'il eut baiſé cet ulcere, il l'auroit fait à l'exemple des ſaints, ou par un eſprit de Religion, ou par un eſprit de mortiſication. Pour peu qu'on connoiſſe les gens à direction d'intention, on eſt facilement perſuadé que c'eſt là un avû d'avoir baiſé cette playe, autrement il ſe ſerois contenté de répondre ſeulement qu'il ne l'avoit point baiſée, & ne ſe feroit point aviſé d'ajoûter que s'il eût baiſé cet ulcere, l'auroit fait à l'exemple des Saints, &c. Cela eſt ſi vrai, que pour s'authoriſer à une pareille choſe, il cite l'exemple des Saints : Qui peut douter qu'il ne l'ait ſuivi en cette occaſion ? Et ce qui ne permet pas de douter qu'il ne l'eût baiſé, c'eſt que d'un côté il veut s'authoriſer de l'exemple des Saints ; & que de l'autre, pour diminuer la tentation, il metamorphoſe ici en ulcere cette playe, ce ſtigmate dont il avoit fait une ſi ſeduiſante deſcription dans le precedent Interrogatoire, parce qu'il n'avoit pas encore avoué de l'avoir baiſé. Au reſte, ſi les Saints s'étoient aviſez de baiſer de pareils ulceres, ſous prétexte d'eſprit de Religion ou de mortification, il eſt aparent qu'ils ne ſeroient pas en Paradis, & qu'ils n'auroient pû attendre leur recompenſe que de la main de la Déeſſe Venus. Il ſeroit bien perilleux d'authoriſer les Directeurs à baiſer de pareilles Reliques, & ce ſeroit là une mortification dont Dieu ſe diſpenſeroit fort de recompenſer le merite. Mais ne pourrions-nous pas lui demander comment il falloit pour baiſer ce ſtigmate ſans toucher au Teton, & ſans reſſentir aucune exhalaiſon de tentation de la circonference de cette playe ?

Dans ſes ſecondes reponſes, il avouë d'avoir touché les cottes de ſa Devote, qu'il pretendoit être relevées par une ſurabondance de graces, & l'os ſternon qui eſt devant la poitrine : Il eſt vrai que ſuivant lui il prenoit la precaution de ne les toucher que ſur le mouchoir de col de la Cadiere ; mais la tentation ne pouvoit-elle pas paſſer à travers ds la mouſſeline ſi fine & ſi tranſparente ? Il nous dit dans ſon Factum qu'elle ne portoit pas des parures mondaines & que ſon habillement étoit fort modeſte ; mais outre que la propreté d'une Devote a ſouvent quelque choſe de plus piquant, d'ailleurs ſa mouſſeline n'eſt pas moins fine que celle des Femmes du monde, nous l'avions prié par nôtre premier Memoire de nous expliquer par quel endroit il avoit paſſé ſes mains pour les aller promener ſur les cottes de ſa Devote & ſur ſon os ſternon, qui eſt devant la poitrine, pour éviter tout precipice ; mais il n'a pas voulu contenter nôtre curioſité ; il a compris que tous les chemins étoient également perilleux.

Voici maintenant le pretexte avec lequel l'Accuſé pretend juſtifier ſa conduite au ſujet de toutes les libertez qu'il a priſes ſur ſa Devote, lors qu'il étoit enfermé avec elle ; il dit que s'il a vû, s'il a examiné, s'il a contemplé ſi ſouvent les ſtigmates, & les cottes de ſa Devote ; s'il les a baiſez, & ſur tout le ſtigmate du cœur, c'eſt parce qu'il doutoit de la qualité de ces playes & de l'élevation de ces cottes, & que c'étoit pour verifier ſi c'étoient là des playes naturelles, ou des playes ſurnaturelles & de veritables ſtigmates, ſi l'elevation de ces cottes & de l'os ſternon procedoit d'une conformation irreguliere, ou d'une ſurabondance de grace ; mais ce pretexte n'eſt-il pas évidemment faux ? Car 1°. N'avons nous pas prouvé d'une maniere invincible à la page 9. & ſuivantes de ce Memoire, qu'il n'avoit aucun doute ſur la qualité de ces faits ?

2°. Quand il faudroit ſupoſer contre l'évidence, qu'il eut douté ſi c'étoient là des playes naturelles, ou ſurnaturelles, ſi l'élevation de ces cottes étoient un défaut naturel, procedant de la conformation, ou bien ſi c'étoit un effet ſurnaturel, étoit-il Medecin, ou Chirurgien pour en juger ?

Et n'auroit-il pas apellé des Medecins & des Chirurgiens, qui seuls auroient pû connoître si c'étoient là des effets naturels, ou surnaturels? Et
depuis quand un Directeur est-il le Medecin, le Chirurgien de ses Devotes,
leur seul Medecin, leur seul Chirurgien? Croyoit-il qu'à force de baiser
le stigmate du cœur de sa Devote, à force de sonder & de consulter son
cœur, il aprendroit par revelation la nature de ses playes & de l'élevation de ses cottes? Est-ce avec des pretextes aussi ridicules qu'un Confesseur dira qu'il a pû patiner tout le corps de ses Penitentes, & qu'il
traitera de Paradoxe cette belle Sentence de St. Jerôme, *Ipse mulieris
contactus quasi contagiosus, & venenatus, est viro fugiendus non minus quam
rabidissimi canis morsus?* Mais d'où vient qu'il n'a pas pris au moins la precaution de faire assister la Mere aux inspections qu'il faisoit à porte fermée sur le corps de sa Penitente, puisque la Mere étoit instruite de tout;
qu'elle sçavoit que sa Fille avoit ces sortes de playes, ces cottes relevées,
& qu'elles avoit été le témoin de tous les fait extraordinaires qui étoient
arrivez à sa Fille, avec laquelle elle couchoit, & à qui elle disoit continuellement que c'étoient là des prodiges de la grace, & qu'elle étoit heureuse
d'avoir une Fille de cette éminente sainteté? Pourquoi avoit-il voulu être
le seul inspecteur, à porte fermée, du corps de sa Devote? Doncques quand
il a pris toutes ces libertez avec elle, ce n'a pas été pour chercher des
éclaircissemens sur des faits dont il étoit si bien instruit, mais pour se livrer
à tous les attraits de la volupté; & quelque faux pretexte qu'il veuille prêter à ces libertez, pourra-t-il jamais en changer la nature, & ne suffiront-
elles pas toûjours pour prouver son Inceste Spirituel avec sa Penitente?

Après cela qu'il dise tant qu'il voudra qu'il a avoué de bonne foi toutes
ces libertez; que la Cadiere n'a point d'autre temoin, ni d'autre preuve
que celle qu'elle tire de ses avûs, & qu'on ne peut pas les porter au-delà.

Car 1°. Quand il a fait ces avûs, il y a été forcé, parce qu'une fois qu'il
étoit prouvé qu'il s'étoit enfermé avec sa Penitente, il étoit par cela seul
convaincu d'Inceste, comme nous l'avons montré par nôtre precedent
Memoire, & que nous le rapellerons tantôt; & quand il a avoué ces
libertez, ce n'a été que dans la folle esperance de persuader qu'il n'avoit
pas été audelà: Voilà quel a été le motif de ses avus.

2°. Il n'y pense pas, quand il dit que c'est-là la seule preuve que nous
avons de son Inceste: Car la preuve que nous avons des autres libertez,
qu'il avoit prises sur elle au Couvent, celle qui se tire de ses Lettres, & de
ce qu'il s'étoit enfermé avec elle, ne suffisent-elles pas pour son entiere
conviction sans avoir besoin de ses avus?

3°. Les avus en matiere criminelle, ne sont-ils pas divisibles, suivant
la Maxime inviolable du Palais?

Enfin, quelque motif qu'il veüille prêter à ses avûs, cela peut-il changer la qualité des faits avoüez, & leur nature ne suffit-elle pas pour en conclurre necessairement la consommation de l'Inceste? Veut-il se donner ici
pour un autre St. Aldhelme, qui pour triompher du Demon de l'impureté, & raporter sur lui des victoires certaines, couchoit avec des jolies Filles,
& sortoit sans emotion & sans peril, & avec plus de pureté de ses epreu-
ves, où les autres Hommes auroient necessairement succombé? Mais,
comme dit le Pere Enchenieux jesuite, dont le sentiment ne doit pas être
suspect à l'Accusé, il seroit perilleux de conseiller aux Saints & aux Saintes de nôtre siécle, de se hasarder à des pareils essais de Vertu. Le Pere Girard est-il un Ange, ou un Homme? S'il est un Homme, à qui pretend-il
persuader qu'étant seul enfermé avec une Fille de 18. ans, qu'il aimoit si
tendrement, comme il est si bien prouvé, & sur tout par sa Lettre du 22.
Juillet,

Juillet, & par celle de la Guiol sa Confidente, du 30. Août, il aura vûë plusieurs fois les stigmates de sa jeune & jolie Devote, manié ses côtés, contemplé son sein, baisé le stigmate du cœur, patiné tout son corps, & qu'il n'aura pas passé outre, il n'y a point de vertu qui soit à l'épreuve d'une pareille tentation, il n'y a point d'homme au monde qui puisse aller jusques là & s'y arrêter : Il faudroit un miracle du premier ordre, pour operer un pareil prodige, ou pour mieux dire, il n'y a point de miracle qui peut sauver du naufrage si volontaire. l'Accusé prend-il ses Juges & le Public pour des dupes, quand il veut leur persuader qu'il s'est arrêté à ce pas, où l'on n'a jamais eu la temerité d'aller sans tomber necessairement & inévitablement dans le fonds de l'abîme ? Doncques la qualité des faits par lui avoüez forme la conviction entiere de son Inceste avec sa Penitente ; & pour pouvoir regarder ces avûs comme la preuve de son innocence, ou comme une preuve non complete de son crime, il faudroit avoir fait un divorce absolu avec la raison. Passons maintenant aux autres preuves des libertez criminelles qu'il a continué de prendre sur elle après l'avoir mise au Couvent. Comme nous en avons déja rapporté les preuves dans nôtre precedent Mémoire, nous nous contentons ici de rapeler le detail de ces libertez criminelles.

1°. Il est prouvé par la deposition de la Dame de Guerin, & par le recolement d'Isabeau de Prat, & de Lucresse Materone, Sœurs Converses, que quand la Cadiere étoit au Couvent d'Ollioules, il la faisoit fermer dans le Cœur interieur, & lui se fermoit dans l'Eglise. Quel pouvoit être le motif d'une pareille conduite ? Et pourquoi ces Portes étoient-elles fermées ? La crainte de n'être surpris sur quelque entretien de pieté les avoit-elles fermées ?

2°. Il est prouvé d'une part, par la deposition de la Dame de Guerin, raportée dans nôtre premier Memoire, qu'un jour que la Cadiere s'étoit fermée dans le Chœur interieur, & le Pere Girard dans l'Eglise elle vit qu'ils se touchoient la main ; & de l'autre, par celle de Marie-Anne Materonne Tourriere, qu'un jour que le Pere Girard avoit dit la Messe à Ollioules, qu'il avoit fait fermer la Cadiere dans le Chœur interrieur, pour se debarrasser de Marie Materonne Tourriere, il lui dit d'aller avertir son Hôte de lui preparer le dîné ; & que cette Tourriere ayant compris que ce n'étoit là qu'un prétexte, & qu'il avoit quelque dessein, quand elle fut à la porte de l'Eglise, qui est à deux batans, elle fit semblant de sortir & resta en dedans par un esprit de curiosité, & qu'elle vit qu'il avoit fait sortir par la fenêtre de la Grille la tête à la Cadiere, & qu'ils s'embrassoient & se baisoient.

L'Accusé pretend que la Cadiere a dit sur le même sujet que le Pere Girard voulant l'embrasser à la Grille du Chœur, l'assura qu'il avoit fermé la Porte de l'Eglise, tandis que la Tourriere dit que la Porte de l'Eglise n'étoit pas fermée. Mais outre que la Cadiere, dans son exposition, ne dit rien de pareil, en voici les termes. *Ajoûtant même qu'étant au Monastere ste. Claire d'Ollioules, un jour dont elle n'est pas memorative, n'y ayant personne dans l'Eglise, ledit Pere Girard l'embrassa & la baisa, ce qu'il a fait plusieurs fois au Parloir.* D'ailleurs, quand il faudroit suposer pour un moment que la Cadiere eût dit ce qu'il lui prête, cela ne formeroit aucune contrarieté avec le fait deposé par la Tourriere ; soit parce que l'une pourroit parler d'une fois, & l'autre d'une autre ; soit encore plus parce que quand elles parleroient toutes deux de la même fois, seroit-il impossible que le Pere Girard, croyant que la Tourriere étoit allée chez son Hôte, & qu'il n'y avoit personne dans l'Eglise, pressé d'embraſſer & de baiſer bientôt ſa chere Devote, l'eût aſſurée que la Porte étoit fermée ? Un **Amant** qui eſt dans une telle ſituation, ſe fairoit-il une peine d'un pareil menſonge ? Et un Prêtre qui au ſortir de l'Autel ſe livre ſans remord à des embraſſement & à des baiſers impudiques, ſe fera-t'il un ſcrupule de les aſſaiſonner d'un petit menſonge que l'impatience de ſon amour lui met dans la bouche ?

3°. Il eſt prouvé que le jour de Ste. Claire, que le Pere Girard dîna au Parloir, la Tourriere ayant mis le Couvert & **la** Table fort éloignée de la Grille, l'Accuſé la prit avec impetuoſité & violence, l'apro-cha de *la* Grille, & dit à la Tourriere, *vous voulez bien m'éloigner de ma Fille* : Et comme **la** Tourriere avoit beſoin de ce qu'il falloit pour garnir la Table, ayant demandé à la Cadiere d'aller prendre la clef qui ouvre la fenêtre du Parloir, il lui repondit qu'il n'étoit pas neceſſaire ; & ayant preſenté à la Querellante un petit Couteau qu'il avoit, elle en ouvrit la Fenêtre du Parloir. La Tourriere ajoûte que s'étant miſe en lieu à pou-voir obſerver s'il avoient beſoin de quelque choſe, elle vit que pendant le dîné il tenoit une de ſes mains dans celle de la Cadiere, & que de l'au-tre il s'en ſervoit pour manger. Le Pere Girard, pour faire accroire que ce dernier fait n'eſt pas veritable,dit qu'il eſt prouvé par les Lettres du 15. Août, qu'il revint d'Ollioules fort en colere contre ſa Penitente, de ce qu'elle n'avoit pas voulu ou pû lui donner le Memoire du Carême ; mais outre que les Lettres du 15. Août ne prouvent rien de pareil, mais ſeu-lement la paſſion qu'il avoit d'avoir le Carême, comme un monument de la ſainteté de ſa Penitente, dont il vouloit abuſer pour tromper le Public; d'ailleurs quand il faudroit ſupoſer contre la verité que le 15. Août ils euſſent été broüillez,s'enſuivroit-il de là qu'ils l'euſſent été le 11. Veille de Ste Claire,jour dont parle la Tourriere ? Ne ſçait-on pas que la broüil-lerie des Amans eſt l'ouvrage d'un moment ? Et s'ils avoient été broüil-lez le 11. Août,la Cadiere auroit-elle paſſé avec lui tout ce jour à la Grille, comme il en convient, & encore tout le lendemain ? Cette inquietude du Directeur ſur ce que la Table avoit été miſe trop loin de ſa chere Penitente ; cette violence avec laquelle il la pouſſa contre la Grille du Parloir ; cette main du Directeur dans celle de ſa Devote pendant tout le repas ; tous ces traits ſont-il du Directeur Spirituel, ou du Directeur Charnel ?

4°. Il eſt prouvé que le Pere Girard, qui avec ſon petit couteau faiſoit ouvrir à la Cadiere la fenêtre de la grille du Parloir, l'y faiſoit paſſer la tête, l'embraſſoit, & la baiſoit ; & que la Tourriere un jour qu'elle lui alloit demander à quelle heure il vouloit dire la Meſſe, & de qu'elle cou-leur il vouloit les Ornemens, elle les trouva dans cette ſituation ſcanda-leuſe, & ſe baiſant.

L'Accuſé opoſe, 1°. Que la porte du parloir ne peut pas s'ouvrir par dehors, mais ſeulement par dedans avec une corde, & que ſi elle avoit fait des ſecouſſes pour l'ouvrir par dehors, il en auroit entendu le bruit ; auroit ceſſé ſes Embraſſemens & ſes Baiſers,& la Tourriere ne l'auroit pas trouvé dans cette ſituation. 2°. Que ſi la Tourriere l'avoit trouvé Em-braſſant & baiſant ſa Penitente, elle en auroit été ſcandaliſée & ne lui au-roit pas demandé à quelle heure il vouloit dire la Meſſe, & de quelle cou-leur devoient être les Ornemens, & qu'elle n'auroit pas manqué de le di-re à la Superieure, & au Confeſſeur du Couvent. 3°. Que le fait ne peut pas être veritable, parce que la fenêtre de la grille du Parloir n'a que 8. pouces & quelques lignes d'ouverture en quarré, & que la tête ſeule y peut baſſer avec peine,

Mais ce ne font là que des faux pretextes. Car 1°. Il eſt certain qu'il y avoit un loquet à la porte du Parloir : par lequel on l'ouvroit en dehors, ainſi on n'avoit pas beſoin de faire de grandes ſecouſſes à la porte pour l'ouvrir , & pour avertir ce Directeur de ceſſer d'Embraſſer, & de Baiſer ſa Penitente : Il eſt même ſingulier de lui trouver ici l'oreille ſi delicate , tandis qu'on verra dans un moment qu'il fait le ſourd.

2°. Il avoit dit qu'il vouloit dire la Meſſe,& recommandé à la Tourriere de l'avertir , avoit-elle l'autorité de l'en empêcher, parce qu'elle lui avoit vû embraſſer & baiſer ſa Penitente, tandis que ſon Evêque ap.ès l'avoir vû convaincu de tous ces crimes par une procedure accablante, & par ſes propres avûs, n'a pas trouvé bon de l'en empêcher, ni de lui revoquer ſes pouvoirs, & lui a laiſſé non-ſeulement dire la Meſſe, mais encore con-feſſer, & prêcher à Toulon, dans le tems que toute cette Ville retentiſ-ſoit de ſes deſordres ? Nous ne ſçavons point ſi cette Tourriere en avoit averti l'Abbeſſe, & le Confeſſeur du Couvent ; mais quel uſage auroit pû faire l'un ni l'autre de ces avertiſſemens contre ce Jeſuite ?

3°. Il n'y a qu'une bouche conſacrée au menſonge, qui puiſſe ſoutenir que la fenêtre de la grille du Parloir n'a que 8. pouces quelques lignes en quarré, tandis qu'elle a plus de deux pieds en quarré, & qu'il y paſſe ai-ſément la moitié du corps d'une perſonne ; ſi la Cour y met le moindre doute, nous la prions d'éclaircir ce fait par un raport.

En cinquiéme lieu, il eſt prouvé par la dépoſition de Lucrece Matero-ne, que le jour que l'Accuſé entra dans le Couvent, au ſujet de la Trans-figuration de la Cadiere, lors qu'il en ſortit, il demanda à l'Abbeſſe de dire un mot en particulier à la Querelante, & qu'elle vit que l'un & l'au-tre s'embraſſoient & ſe baiſoient. Iſabeau de Prat Converſe, depoſe que Lucrece Materone lui ayant dit alors que le Pere Girard & la Cadiere ſe baiſoient, elle vit à travers une vitre que veritablement ils ne ſe baiſoient plus, mais qu'ils parloient encore tète à tête & face à face ; elle ajoûte qu'un peu auparavant; elle avoit vû la Cadiere embraſſant le Pere Girard.

L'Accuſé convient qu'avant que de ſortir du Couvent , la Cadiere lui voulut dire un mot en particulier ; qu'elle le tira à l'écart, & lui parla un petit eſpace de tems dans un lieu obſcur, qu'étant ſourd d'une oreille, & ne pouvant entendre les confeſſions que de la gauche, il s'aprocha de la Cadiere & écoûta ce qu'elle avoit à lui dire en ſe penchant aparem-ment pour mieux l'entendre. Il ajoûte, je veux que la Cadiere n'ait point alteré le temoignage de ces deux Tourrieres, comme on eſt perſuadé qu'on en a changé & tronqué beaucoub d'autres, citez dans le Memoire ; mais à s'en tenir à ce qui eſt raporté, qui eſt-ce qui ſoûtient d'avoir vû qu'ils ſe baiſoient? C'eſt Lucrece, Sœur de Marie-Anne, convaincuë de faux temoignage, qui veut le faire accroire à la Sœur de Prat ; c'eſt Lucrece, qui dit qu'ils s'embraſſoient & ſe baiſoient, tandis que la Sœur de Prat, dans l'obſcurité, & ne voyant qu'à travers d'une vitre, a la bonne foi d'a-voüer qu'elle avoit cru voir, ou vû ſi l'ont veut, la Cadiere embraſſer le Pe-re Girard par les côtez. A-t-on jamais vû deux Sœurs s'entendre mieux à mentir ?

Quelle impudence de la part de ce Coupable, d'oſer venir dire que dans le Factum de la Cadiere on a tronqué & changé des depoſitions ! Prend-il le Defenſeur de la Cadiere pour un Jeſuite ? On le defie hardi-ment, comme on a toûjours faits, & à l'Audience,& par écrit, de prou-ver qu'il y ait aucune infidelité dans les depoſitions raportées en Caracte-re Italique dans le Factum de la Cadiere , & qu'on ait ajoûté , ni changé aucun mot eſſentiel ? Si ce-Accuſé pretend que cela ſoit, d'où vient qu'il ne raporte pas la teneur des depofitions où il pretend qu'il ait été fait quelque changement, ou quelque alteration, puis qu'il a une Copie de toute la Procedure? C'eſt là un talent qui eſt inconnu aux Avocats, & qui eſt reſervé aux Jeſuites, comme on l'en convaincra dans un moment: Mais mepriſons un pareil trait d'impudence & de calomnie de la part d'un Coupable, qui par ſes Crimes & ſes Abominations s'eſt rendu l'horreur de l'Univers entier.

Revenons à l'Objeſtion, Il convient d'abord de preſque toutes les circonſtances depoſées par ces deux Sœurs Converſes;il y convient de tout, ſi l'on en excepte les termes de s'embraſſer & de ſe baiſer;il convient même des faits qui en ſont les plus prochains & les plus immediats;& il veut perſuader que s'il avoit ſon viſage non-ſeulement contre,mais même ſur celui de ſa Devote, il ne la baiſoit pas pour cela, mais que ce n'étoit que parce que ſa ſurdité d'une oreille l'avoit forcé de s'aprocher de ſi près.Car à l'égard de l'obſcurité qu'il veut jetter dans le lieu où il étoit avec ſa Penitente, outre que ſi la circonſtance étoit vraye, il auroit enfreint ſa Regle qui lui défend de parler à des Femmes ou à des Filles en des lieux obſcurs, *nec locus ſit obſcurus* : D'ailleurs elle eſt fauſſe:En effet, il eſt prouvé par la Procedure qu'il étoit alors cinq à ſix heures le 7. de Juillet, & qu'il devoit encore s'en retourner à Toulon, comme il s'en retourna:On laiſſe à penſer ſi alors l'obſcurité eſt bien répandue.

1°. D'où vient qu'en cette Ville d'Aix il confeſſoit des deux côtez?A-t'il perdu l'oüie de l'Oreille droite à Toulon, ou bien ſi c'eſt là une ſurdité auxiliaire ? Mais accordons lui d'être ſurd de l'Oreille droite, pourquoi ne preſentoit-il pas l'Oreille gauche, dont il convient d'avor conſervé toute la delicateſſe ? Et d'où vient que quand il parloit à l'Aabbeſſe ou à d'autres perſonnes, il n'apliquoit pas ſon viſage ſur le leur pour les entendre.

2°. Comment veut-il trouver une contrarieté entre la dépoſition de Lucrece Materone, & celle d'Izabeau de Prat, en ce que la premiere dépoſe de l'avoir vû quand ils ſe baiſoient avec la Cadiere, & que l'autre dépoſe qu'ayant oü dire à Lucrece Materone qu'ils ſe baiſoient, elle avoit vû à travers d'une vitre, que veritablement ils ne ſe baiſoient pas, mais qu'ils ſe parloient tête à tête & face à face ; car n'eſt-il pas naturel de penſer que dans l'intervale que Lucreſſe Materonne les vit ſe baiſer, qu'elle le dit, & qu'Izabeau de Prat les regarda, le baiſer fut donné; Et ce qui ne permet pas de douter de la verité de ce baiſer, c'eſt que d'une part Izabeau de Prat les vit encore *in aſtu proximo*, puiſqu'ils étoient encore tête-àtête & face-à-face ; & que de l'autre elle ajoûte qu'elle avoit deja vû que la Cadiere l'avoit embraſé : Les embraſſemens & les baiſers ont une grande connexité. Il fait ſemblant de trouver étrange qu'on ait vû cela à travers d'une vitre, comme ſi les vitres n'étoient plus tranſparantes.

Il fait euſuite ſes efforts contre ces 4. Temoins, pour tacher de les faire regarder comme ſuſpeſts. Il dit contre la Dame de Guerin qu'elle depoſe deux faits qui doivent decrediter ſa depoſition ; le premier, que la Cadiere penetroit tout ce qu'elle avoit dans le cœur ; le ſecond, qu'elle avoit vû une fumée épaiſſe dans la Chambre de la Cadiere, au milieu de laquelle voltigeoit ſans doute le Demon, &c.

Le premier pretexte eſt abſolument inſoûtenable, ſoit parce qu'il a avoüé lui-même par ſa reponſe au 26e. Interrogatoire que la Cadiere ſçavoit ce qui ſe paſſoit chez les autres, comme nous l'avons prouvé à la page 7. de ce Memoire, où nous en avons raporté les termes ; ſoit parce qu'inde-

qu'independemment même d'un pareil talent, dont elle n'étoit rede-vable qu'à l'Accufé, ne peut-on pas rencontrer quelquefois par hafard les penfées d'autruy ?

A l'égard du fecond, il n'eft fondé que fur un trait d'éloquence du Querellé. Il n'a pas fait façon d'ajoûter à la depofition de la Dame de Guerin, & en caractere italique, ces mots : *Au milieu de laquelle vol-tigeoit fans doute le Demon*. Dans une autre Partie, cela feroit un cri-me de faux qui merite toute la feverité des Loix & des Ordonnances : Ici nous voulons bien le regarder pour cette feule fois comme une li-cence jefuitique ; mais nous l'avertiffons que s'il y revenoit, nous le fai-rions paffer par la rigueur des Regles de la juftice. Il n'opofe rien con-tre Izabeau de Prat, & ne reproche à Lucrece Materone que d'être la Sœur de Marie - Anne, qui l'a fi bien chargé ; & quant à celle-ci, il dit 1°. Que le Pere Cadiere l'avoit entretenuë deux heures l'avant veille de l'expofition ; que fon Frere l'Ecclefiaftique fut la prendre pour de-pofer. 2°. Qu'il eft prouvé par la procedure que les Cadiere lui avoient promis une penfion, & qu'elle eft un faux Temoin.

Mais n'avons - nous pas detruit ces trois faux pretextes, tant par nô-tre premier Memoire pages 52. & 53. que par celui des Objets pages 9. & 10. & pages 15. & 16. où nous avons fait voir que le fait de la penfion n'a été depofé que par les faux Temoins produits fous le nom du Promoteur, & dénomez dans la Lettre de la Dame de Cogolin, penitente de l'Accufé, qu'il lui avoit dictée lui meme, & qui conte-noit tout le plan de cette fubornation ? Il faut avoir renoncé non - feu-lement à toute verité, mais encore à toute pudeur, pour avoir ofé par-ler d'un Objet qui n'eft que dans la bouche de ces faux Temoins, & après avoir été convaincu de cette indigne fubornation par des raifons invincibles.

A l'égard de l'autre fait, il eft évidemment faux : En effet, comment auroit-on pû folliciter la Tourriere deux jours avant la depofition de la Cadiere ? Pouvoit-on prophetifer que l'Official l'y forceroit par cet ini-que & abufif Accedit ?

Le pere Girard dit qu'il n'y a que des Temoins fufpects qui puiffent dire qu'il ait pris de pareilles libertez criminelles fur fa penitente ; mais outre que nous venons de faire voir que ces Temoins font irreprocha-bles, comment peut - il tenir ici un pareil langage ; puifqu'il a avoüé lui-meme des libertez encore plus criminelles ?

Il eft donc prouvé par ces 4. Temoins que le pere Girard avoit em-braffé & baifé fa penitente le 7. juillet qu'elle l'accompagna jufques à la fortie du Couvent ; qu'il l'avoit embraffée & baifée à la Grille du Cœur lorfqu'il s'enfermoit dans l'Eglife, qu'il la faifoit enfermer dans le Chœur interieur ; qu'il l'avoit embraffée & baifée par la Fenetre du parloir, par laquelle il lui faifoit paffer la moitié de fon corps. Or tous ces embraffemens & ces baifer ne font-ils pas des preuves legitimes de ce commerce inceftueux, comme nous l'avons prouvé aux pages 41. & 42. de nôtre premier Memoire par tant d'autoritez formelles, & même par celles de la Societé, qui font demeurées fans replique ?

A l'égard des autres pretenduës reflexions que l'Accufé a faites au com-mencement de cette preuve d'Incefte, nous ne nous amufons pas ici à en faire une refutation ; foit parce que nous les avons deja detruites ailleurs ; foit encore plus parce que la Juftice meprife les phrafe & les vains raifonemens, & n'a égard qu'aux preuves & aux bonnes raifons

CINQUIE'ME PREUVE
tirée de ce qu'il s'eſt enfermé avec ſa Penitente.

Nous avons fait voir par nôtre premier Memoire, page 44. & ſuivantes. 1°. Que le 7. Juillet, jour de la Transfiguration de la Cadiere, au Couvent d'Ollioules , le Pere Girard s'étoit enfermé dans la chambre de ſa Penitente , depuis 9 heures du matin ju'qu'à midi, comme il eſt prouvé par cinq Temoins qui ſont l'Abbeſſe, la Maîtreſſe des Novices , la Dame de Guerin, la Demoiſelle Hermite , qui étoit Penſionnaire , & Marie-Anne Materone.

2°. Il eſt preuvé par la depoſition de Claire Berarde , & par celle d'un grand nombre de temoins , que depuis le mois de Decembre 1729. juſqu'au commencement de Juin 1730. il l'alloit voir dans ſa chambre à Toulon, & qu'il s'étoit anfermé tout ſeul avec elle plus de cent fois , & qu'il y reſtoit tout l'après dîné.

3°. Que par ſa reponſe au 83 .interrogatoire il avoit avoüé de s'être enfermé à clef dans ſa chambre 8. à 9. fois , ce qui ſuffiroit toûjours pour ſa conviction.

4°. Nous avons prouvé par un grand nombre d'Autoritez formelles , que quand un Homme s'eſt enfermé avec une Femme, ou une Fille , il eſt ſenſé par la en avoir joüi ; & que c'eſt là une preſomption *juris & dejure* de l'Adultere , de l'Inceſte , ou de la Fornication.

L'Accuſé n'oſe pas conteſter certe Maxime ; & voici ce qu'il emploit pour tâcher de l'éluder parmi mille raiſonnemens frivoles, qui n'aboutiſſent à rien, qu'à remplir la feüille : Il dit 1°. Qu'une Penſionnaire des Clairiſtes, qui eſt la Demoiſelle Hermite, depoſe que le jour de la Transfigurations du 7. Juillet, qu'il entra dans le Monaſtere, il demeura enfermé dans la chambre de la Cadiere, depuis 9. heures du matin juſqu'à 4. heures du ſoir ; & que pour rufuter ſon temoignage , il n'a beſoin que de celui de la Superieure , & d'autres Religieuſes du même Couvent , qui diſent que la porte fut toûjours ouverte depuis midi : Outre qu'il eſpere qu'il ſera prouvé par la procedure que la porte ne fut jamais fermée , ou tout au plus qu'elle le fut très - peu de tems, dequoi il ne peut pas ſe reſſouvenir , proteſtant qu'il n'a jamais touché à cette porte & que ſi elle fut fermeé pendant quelques inſtans, il faut qu'elle l'ait été par dehors

Ce raiſonnement n'a rien que de frivole. Il eſt vrai que la Demoiſelle Hermite ne diſtingue pas le tems que la porte demeura fermée & celui qu'elle n'étoit que pouſſée : Mais l'Abbeſſe , la Maîtreſſe des Novices, la Tourriere, & la Dame de Guerin dans leur recolement, dont nous avons raporté les termes dans nôtre premier Factum, font cette diſtinction, & diſent que depuis 9. heures juſqu'à midi la porte reſta fermée en dedans & que depuis midi juſqu'à 4. heures, elle n'étoit que pouſſée ; ce qui fait voir que l'Accuſé , à ſon ordinaire , parle contre la verité , quand il dit qu'elle ne fut fermée que pour très-peu de tems & par dehors; & pendat ces trois heures qu'il reſta ſeul enfermé dans la chambre de ſa Devote , eu bien le tems de faire d'elle tout ce qu'il voulut , & de tout voir , comme il le dit dans ſa Lettre du 22. Juillet , où parlant de ce jour là , il dit , il y a long-tems que je n'ai rien vû qu'à demi, parce que depuis lors il n'avoit vû que par la fenêtre de la Grille.

2°. Voici la cauſe qu'il donne par ſa reponſe au 84. interrogatoire, de s'être enfermé tout ſeul dans la chambre de ſa Penitente à Toulon. *Interroge quelle raiſon il avoit de s'enfermer avec elle ; a repondu que cela eſt arrivé 4. à 5. foi pour ſes playes , une fois lorſqu'elle voulut lui remettre la servicte , où étoit empreinte l'image groſſière & ſanglante de ſon viſage , avec deux coëffes qu'elle pretendoit avoir été teintes miraculeuſement de ſang ſur la figure de ſa couronne ; une autre fois pour recevoir cette Croix de bois blanc , garnie de pointes , dont le Repondant lui avoit defendu de ſe ſervir , attendu ſon peu de ſanté; & une autre fois pour être le temoin d'une viſion , pendant laquelle elle devoit être miraculeuſement elevée en l'air , à ce qu'elle lui avoit dit : Enfin deux ou trois autres fois lors qu'il lui arrivoit d'avoir le front couvert de ſang , ou quelque eſpece de raviſſement , dont il ne vouloit pas que le Public fût temoin.* Et dans ſon Factum , après avoir repeté les mêmes pretextes , il ajoûte que la chambre de la Cadiere eſt aſſez petite & ſur l'eſcalier : En ſorte que ſi la porte n'en avoit pas été fermée , ceux qui ſeroient montez ou deſcendus les auroient vûs dedans.

Mais de bonne foi, ſont-ce là des pretextes pour s'enfermer pluſieurs fois, & même ſi ſouvent dans la chambre d'une Fille? Car 1°. Les Canons, & l'Inſtitut des Jeſuites, ont ils fait une diſtinction entre les chambres petites & les grandes; celles qui ſont ſur l'eſcalier, & celles qui n'y ſont pas; Ont-ils permis aux Confeſſeurs de ſe fermer avec leurs Penitentes , lorſque la chambre ſeroit petite , ou ſur l'eſcalier? Le Demons de l'Impureté, eſt il alors moins à craindre? N'ont-il pas defendus abſolument & indiſtinctement aux Confeſſeurs & aux Prêtres de s'enfermer dans la chambre d'une Femme , ou d'une Fille, Et quel inconvenient y auroit-il eu , que ceux qui ſeroient montez , ou deſcendus les euſſent vûs dans leur chambre, Les Canons, & l'Inſtitut des Jeſuites ne le veulent-ils pas? Son Inſtitut, au Titre *De Regulis Sacerdotum , num.* 18. ne veut-il pas que le Compagnon du Confeſſeur Jeſuite, puiſſe voir tout ce que celui-ci fait , tant qu'il parle à une Femme , & qu'il n'arrive jamais à un Confeſſeur Jeſuite de fermer la porte , tant qu'il parle avec une Femme, ou une Fille , ni de lui parler dans un lieu obſcur, où l'on ne puiſſe pas voir ce qu'il fait; *Socius quem ſuperior ipſi deſignabit, quandiu cum Fœminis Sacerdos loquetur, eo in loco erit unde eos videre poſſit; curet omnino Sacerdos ne oſtium ſit clouſum, nec locus obſcurus.*

2°. Les Canons , & l'Inſtitut des Jeſuites , ont-il fai des diſtinctions & des exceptions ſur cette matiere, Ont ils dit qu'il y avoit des cauſes & des cas où un Confeſſeur pourroit s'enfermer tout ſeul avec ſa Penitente dans ſa chambre, Non ſans doute; & bien loin d'avoir penſé à faire aucune diſtinction , ni aucune exception à cette defenſe generale , ils les ont formellement condamnées , & decidé qu'il n'y a aucun pretexte , même de Religion qui puiſſe autoriſer un Prêtre , un Confeſſeur à s'enfermer avec une Femme , ou une Fille : *Certè ſolum , & ad ſolam accedere , nulla Religionis ratio permittit* , dit le Canon 26. Diſtinct. 81. ce qui condamne bien formellement tous les vains pretextes que l'Accuſé emploit ici, fondez ſur ce qu'il s'étoit enfermé avec ſa Penitente, pour verifier ſi c'étoit là des faits naturels ou ſurnaturels, & autres de pareille eſpece; mais entrons un peu dans le détail des differens pretextes qu'il veut nous donner ici.

1°. Il dit qu'il s'étoit enfermé avec elle pour la remiſſion qu'elle lui avoit fait d'une ſerviete enſanglantée, de coëffes teintes du ſang, & d'une Croix; mais pour ſe faire remettre de pareilles choſes, avoit-il beſoin de s'enfermer avec ſa Penitente & de reſter pour cela les 3. ou 4. heures fermé avec elle, Etoient-ce là des raiſons pour s'enfermer, Et pourquoi ne pouvoit-il pas ſe faire remettre ces choſes ſans fermer la porte ? Ne ſe mocque-t-il pas de la Juſtice & du Public, quand il vient alleguer de pareilles excuſes?

2°. Il en eſt de même de ce qu'il dit qu'une autre fois , il s'étoit enfermé avec elle , pour être le temoin d'une viſion pendant laquelle elle devoir être miraculeufement elevée en l'air, à ce qu'elle lui avoit dit. Quoi; Un Directeur vicieux, en abufant de la fimplicité d'une Fille , & d'une jeune Penitente, lui mettra des vifions dans l'efprit, lui fera accroire qu'un tel jour elle fera élevée en l'air ; & que pour cela, il veut s'enfermer feul avec elle dans fa chambre , fous pretexte d'en être le temoin, & dans la feule vûë d'abufer d'elle (car ce n'étoit pas la Cadiere qui avoit fait cette prediction, mais bien lui) & enfuite quad il aura commis toute forte d'infamies fur la perfonne de fa Penitente, il viendra dire qu'il ne s'eft enfermé avec elle que pour être le temoin d'un miracle ; Si un pareil pretexte étoit autorifé, les Directeurs corrompus fairoient bien-tôt faire à leurs jeunes Penitentes des miracles en abondance : De bonne foi, à qui veut faire accroire le Pere Girard, qu'un Jefuite auffi éclaire que lui , cût crû un pareil miracle ; Et ne voit- on pas évidemment que ce n'étoit là de fa part qu'un faux pretexte;

3°. Il dit qu'il s'étoit enfermé 4. ou 5. fois pour voir fes Playes, ou Stigmates, & 2. ou 3. fois lorfqu'il lui arrivoit d'avoir le front couvert de fang ou quelque efpece de raviffement. Mais ce prétexte n'eft pas moins infoutenable ; foit parce que s'il avoit eu quelque doute fur la qualité de ces faits, & qu'il eût douté fi ces Playes & ces Transfigurations étoient naturelles , ou furnaturelles, n'auroit-il pas apelé des Medecins ou des Chirurgiens pour en juger, puifque c'étoient là les feuls Juges de ces fortes de chofes. Et à quel titre auroit-il voulu faire le Medecin ou le Chirurgien de fa Devote à porte fermée; Cela n'eft-il pas ridicule; Soit parce que s'il avoit eu la curiofité de voir les Stigmates, ou les Playes de fa Penitente, & qu'il n'eût point eu de mauvais deffein , n'avoit-il pas fait cette infpection en prefence de la Mere , qui étoit inftruite de tout, comme nous l'avons déja obfervé ; On voit bien que l'operation qu'il vouloit faire fur fa Penitente , n'avoit befoin d'aucun Temoin ; mais pour faper tous fes mauvais pretextes, & en montrer le ridicule, & même la fauffeté, nous n'avons befoin que d'ajoûter ici deux reflexions generales.

La premiere fe tire de ce qu'il pretend , qu'il ne s'étoit enfermé avec fa Penitente , que parce qu'il doutoit de la qualité de fes Playes & de fes Transfigurations & autres faits extraordinaires, & que c'étoit pour les verifier & s'éclaircir de fes doutes. Nous avans prouvé d'une maniere fans replique , à la page 9. 10. 11. & 12. de ce Memoire, qu'il n'avoit aucun doute fur la qualité de ces playes , fur ces transfigurations , ni fur les autres fait extraordinaires. Donques il eft faux qu'il fe foit enfermé avec elle pour éclaircir des doutes qu'il n'avoit pas.

La deuxiéme Reflexion eft, qu'il dit que s'il avoit fermé la porte de la chambre de fa Devote lors de fes Tranfigurations, & de fes Extafes , ou Raviffemens, c'étoit afin de les cacher au Public , & pour empêcher que les prodiges de fa Penitente ne fuffent manifeftez. Or ce pretexte n'eft qu'une fauffeté évidente.

1°. il eft convenu au Procès que la Cadiere n'avoit eu à Toulon que deux Transfiguration , l'une le Vendredi Saint , & l'autre le 8. Mai ; & cependant il s'eft enfermé plus de cent fois dans la chambre de fa Penitente; d'ailleurs n'eft-il pas prouvé par la Procedure, & même par fes propres reponfes , & fur tout par celle au 87. Interrogatoire, que lors de ces Transfigurations la porte de la chambre de la Cadiere avoit toûjours été ouverte , & qu'elle avoit été vûë en cet état , non-feullement par Meffire Giraud , Curé de la Cathedrale qui le depofe, par le Pere Grignet Jefuite, par plufieurs autres Penitentes du pere Girard, mais encore par toutes les perfonnes qui avoient voulu la voir, & que depuis le matin jufqu'au foir

fe

ſa chambre avoit été pleine du monde ? *Il demeura quelque tems auprès d'elle tout ſeul, tout le monde qui l'avoit contemplée en cet état depuis le matin juſqu'alors s'étoit retiré dans une chambre voiſine, qu'alors il fit venir tout le monde qui étoit ſorti, & qu'il attendit avec eux qu'elle revint de ſon accident, ce qui arriva à 5. heures, & qu'alors elle parut honteuſe de voir tant de monde;* ce ſont les termes de ſa reponſe au 87. Interrogatoire, qui prouve ſi bien qu'il ne s'étoit pas enfermé lors de ces Transfigurations pour les cacher au Public.

2°. Les Extaſes ou Raviſſemens de la Cadiere, & même de pluſieurs autres Penitentes du Pere Girard, étoient ſi frequents, & ſi publics, qu'elles en avoient en tous tems & en tous lieux, & que tout Toulon en étoit inſtruit, comme il eſt prouvé par un grand nombre de Temoins, & ſur tout par la depoſition de Marie-Anne Calas, dont nous avons raporté les termes à la page 12. & 13. de ce Memoire. Donques quand il ſe fermoit à clef dans la chambre de la Cadiere, ce n'étoit pas pour derober au Public la connoiſſance de ces Extaſes dont tout Toulon retentiſſoit.

Enfin il eſt ſi faux qu'il ſe fut enfermé dans la chambre de ſa Devote pour cacher au Public la connoiſſance des faits Extraordinaires, & les pretendus Miracles de ſa Devote, qu'il les publioit lui même par tout, comme il eſt prouvé. 1°. Par ſes Lettres à l'Abbeſſe des 22. Mai & 5. Juin 1730. 2°. Par pluſieurs Religieuſes qui depoſent que le jour de la Transfiguration du mois de Juillet, non-ſeulement il leur dit de conſerver ſoigneuſement l'eau dont on s'étoit ſervi pour laver le viſage enſanglanté de la Cadiere, par ce qu'elle fairoit des prodiges, mais encore que la Cadiere avoit fait des Miracles à Toulon.

3°. Qu'il avoit ſi fort repandu le bruit de la Sainteté de ſa Devote, & de ſes prodiges, qu'il refuſa l'abſolution à Marie-Anne Calas, pour n'avoir pas voulu croire avec aſſez de ſoûmiſſion aux Miracles de la Cadiere. Tout cela prouve donc d'une maniere ſans replique la fauſſeté de tous les pretextes que l'Accuſé emploit pour juſtifier ſa conduite en s'enfermant dans la chambre de ſa Penitente. Et de là il s'enſuit que lorſqu'il s'eſt enfermé avec elle, il n'a eu & n'a pû avoir d'autre motif que celui de contenter ſa paſſion, & d'abuſer de ſa Penitente. Cette conduite eſt bien opoſée à celle du Pere Spiga jeſuite, qui n'avoit jamais regardé aucune femme, & n'avoit ſçû diſtinguer ſes propres Nieces les unes des autres, & qui n'étoit jamais entré dans la maiſon de celles-ci, pour quelque raiſon que ce fût lorſqu'il ſçavoit qu'elles étoient ſeules. *Caſtitati tuendæ numquam fæminas intuitus eſt : Noptes ſuas, quas crebrò confitentes audierat inter ſe diſtinguere neſciebat ; ad illas ſi domi ſolæ eſſent non poterat induci ut intraret, quanticumque momenti negotio urgeretur*, à celle du Pere Coſterus, du Pere Cotton, & de pluſieurs autres Jeſuites qui ont été des exemples de chaſteté. Ainſi par cela ſeul, qu'il eſt prouvé tant par la Procedure que par ſes propres avûs, qu'il s'eſt enfermé ſouvent dans la chabre de ſa Penitente, il eſt convaincu par là d'avoir commis un Inceſte Spirituel avec elle. *Quarta eſt conjectura perpetrati adulterii, quando ſolus cum ſolâ in loco ſecreto & abdito inventus eſt.* Cette preuve eſt d'autant plus inſurmontable, ſi l'on fait reflexion d'une part, que ce Directeur étoit éperdûment amoureux de ſa Penitente, comme il eſt prouvé par ſa Lettre du 22. Juillet, & par celle de la Guiol du 30. Août, & que de l'autre il eſt convaincu de l'avoir embraſſée & baiſée dans l'Egliſe même ; car ſi la Sainteté de ce lieu, ſi la préſence réelle de Dieu même, n'a pas pû contenir ſa paſſion, qui croira que la Chambre de ſa Devote aura fait ce Miracle ?

R

Nous avons encore plusieurs autres Temoins qui font le detail de toutes les infâmies qu'il avoit commifes fur fa Penitente, tant dans fa Chambre à Toulon, qu'au Parloir du Couvent d'Ollioules : Mais comme ces mêmes Temoins detaillent auffi les Faits d'Avortement, pour eviter toute repetition, nous croyons devoir en renvoyer les depofitions à la fin du Chef d'accufation, concernant l'Avortement. Nous ne fçaurions paffer fous filence ici deux Faits qui font fi graves & fi propres à prouver, non-feulement les libertez criminelles qu'il avoit prifes fur fa Penitente, mais encore la confommation de fon Incefte.

Le premier de ces Faits eft, que dans unè Lettre qu'il avoit écrite à la Cadiere lorfqu'elle étoit au Couvent, que la Dame de Lefcot, Maîtreffe des Novices, dit dans fon recollement d'avoir lûë, il lui marquoit d'un air badin que fi elle n'étoit pas fage, il lui donneroit le fouet ; ce qui prouve que ce n'eft pas la premiere fois qu'il le lui avoit donné ; & s'il lui avoit donné le fouet, c'eft là une preuve qu'il avoit commis l'Incefte Spirituel avec elle, fuivant la decifion de Diana en fon Traité *de follicitantibus Mulieres in confeff.* dont l'autorité ne doit pas être fufpecte à l'Accufé.

L'autre fait eft qu'il avoit envoyé à la Cadiere lorfqu'elle étoit à Ollioules, un formulaire de confeffion, contenant le detail des fautes dont elle devoit s'accufer, au cas q'elle fe confefsât au Confeffeur du Monaftere, ou à un autre qu'à lui, avec defenfes de lui rien dire de plus. Ce fait du formulaire de la confeffion eft prouvé entre autres, par la depofition de la Demoifelle Victoire Aubert, qui étoit alors Penfionnaire au Couvent d'Ollioules, & qui dit de l'avoir vû, & encore par la confrontation de la Dame de Lefcot, avec la Cadiere. Ce formulaire de la confeffion prouve indubitablement fon commerce avec fa Penitente : Car à quel autre motif peut-on attribuër ce formulaire de la confeffion,& ces defenfes de rien dire de plus,au cas qu'elle fe confefsât à un autre qu'à lui? Quel autre objet pouvoit avoir cette precaution que celui d'empêcher qu'elle ne manifeftât à un autre Confeffeur ce miftere d'iniquité ? Autrement l'auroit-il forcée à faire des Communions facrileges ? Que d'abominations ! L'Accufé a gardé un morne filence fur ces deux faits fi crians, quoique nous lés lui euffions opofez par nôtre premier Memoire. Toutes ces preuves permettent-elles de douter de la realité de cet Incefte Spirituel, & les faits d'Avortement que nous allons détailler ne nous en fourniffent-ils pas des nouvelles preuves ?

SUR L'AVORTEMENT.

L'Accufé ne tente d'éluder les preuves de cet Avortement,que par deux fupofitions évidentes. La premiere eft, de dire que fuivant les reponfes faites par la Cadiere devant l'Official lors de l'Accedit, elle a fixé l'époque de la joüiffance au jour qu'il lui donna la difcipline, parce qu'elle dit qu'auparavant, elle n'avoit pas eu connoiffance de quelle maniere fe faifoient ces chofes, & qu'elle ne l'eut qu'alors : Or, pourfuit-il, le jour qu'il lui donna la difcipline eft le 22. ou le 23. May, puis qu'il y a une circonftance qui defigne qu'elle avoit deja fait fon voyage d'Aix, & qu'il lui dit, vous meriteriez d'être, non pas fur ce Lit, mais fur l'Echafaut que vous venez de voir à Aix, & qu'il eft prouvé par la Lettre du 19. Maiy, datté d'Aix, que c'eft là le tems de ce voyage ; & fi l'époque de la joüiffance eft fixé au 22. ou au 23. May, comment a pû la Cadiere fe bleffer encore dans le même mois, & avoir eu precedemment une

fupreſſion de ſes regles pendant trois mois ? Et là deſſus il s'écrie hautement à l'impoſture.

Quel pitoyable artifice, qui ne peut aboutir qu'à le couvrir d'une nouvelle confuſion, & à fournir contre lui une nouvelle conviction de ſes
crimes par les impoſtures qu'il emploit pour en conteſter la verité. Nous
convenons que le fait de la diſcipline s'eſt paſſé au mois de May vers le
22. ou le 23. & poſterieurement au voyage d'Aix; mais il faut auſſi qu'il
convienne à ſon tour que ce n'eſt pas là l'époque de ſa joüiſſance; qu'elle
eſt anterieure de plus de quatre mois; & que bien loin que les reponſes de la Cadiere devant l'Official prouvent qu'il n'avoit commencé à
la connoître que le jour qu'il lui donna la diſcipline, elles prouvent au
contraire qu'il l'avoit connuë plus de 4. mois auparavant; & il eſt juſtifié, tant par la Procedure que par les propres avûs du Pere Girard,
que la Bleſſure eſt dans le mois d'Avril. L'horreur des ordures & des
infamies que cette pauvre Fille, par la religion du ſerment, a été forcée de tailler par ſes reponſes, nous avoit empêché d'en raporter la
teneur, & non pas les pretenduës contrarietez qu'elles renferment, puiſqu'il n'y en a point : Mais puiſqu'il a la mauvaiſe foy de bâtir ſur cette
piece une impoſture de cette qualité, qui iroit à ſaper ce chef d'accu-
ſation, il n'y a plus aucune raiſon qui puiſſe nous diſpenſer d'en raporter les termes; il vaut mieux violer les regles de la pudeur, que de laiſſer
perir l'nnocence & la verité; ceux qui ſeront revoltez de ce détail en re-
jetteront toute l'indignation ſur celui qui nous y force. Voici donc l'endroit des réponſes faites devant l'Official, ſur lequel l'Accuſé fonde
cette équivoque.

*N'ayant jamais eu connoiſſance auparavant comment ces ſortes de choſes ſe
faiſoient ; auparavant ſentant ſeulement comme un doigt & une choſe dans
les entrailles qui lui remüeit, ſe ſentant toute moüillée, ce qui lui arrivoit
toute les fois que le Pere Girard venoit à ſa Maiſon.*

Bien loin que cet endroit des reponſes prouve qu'il ne l'avoit pas connuë avant le jour qu'il lui donna la Diſcipline, il prouve preciſément le
contraire. Car 1°. Si elle dit que le jour qu'il lui donna la Diſcipline
elle aprit comment ces ſortes de choſes ſe faiſoient, & qu'elle ne l'avoit
pas ſçu auparavant, c'eſt parce que juſques là ayant abuſé d'elle dans le
tems d'une extaſe, ou d'un accident, qu'elle avoit perdu l'uſage de ſes ſens,
comme elle le declare ſi bien dans ſes reponſes, avant que de parler du
jour de la Diſcipline, elle ne pouvoit pas ſçavoir comment ces choſes
ſe faiſoient.

2°. Cette expoſition ne prouve-t-elle pas qu'il avoit commencé à joüir
d'elle d'abord qu'il eut commencé à lui faire des viſites à porte fermée ?
Et n'eſt-il pas prouvé par la Procedure que ſes viſites avoient commencé
au mois de Decembre, qui étoit le commencement de ſon obſeſſion ?
Et n'en convient-il pas à la page 38. de ſon Memoire, où il dit qu'il a
fait des viſites charitables à la Cadiere pendant 5. à 6. mois; & que dès
lors, au retour de ſes extaſes, ou accidens, elle ſe trouvoit dans des poſ-
tures indecentes avec lui, & des marque qui ne permettoient pas de
douter qu'il n'eut conſommé ſon attentat.

3°. Par quel renverſement d'idées a-t-il pû conclurre de ces mots,
*n'ayant jamais eu connoiſſance auparavant comment ces ſortes de choſes ſe fai-
ſoient* qu'il n'en avoit donc joüi que ce jour là, tandis qu'immediatement
après ces termes, elle ajoute ceux-ci : *Auparavant ſentant ſeulement comme
un doigt, & une choſe dans les entrailles s qui lui remüoit, ſe ſentant toute
moüillée ; ce qui lui arrivoit toutes les fois que le Pere Girard venoit à ſa*

Maison. Ne font ce pas là les caracteres fpecifiques de la joüiffance ? Et ne les aplique-t-elle pas à toutes les fois que le Pere Girard avoit été à fa Maifon ? Doncques cet endroit de fes reponfes prouve qu'il avoit joüi d'elle dès le commencement des vifites qu'il lui avoit faites à porte fermée, & par confequent depuis le mois de Decembre 1729. C'eft ainfi que la piece fur laquelle il a bâti tout le plan de fon faux fiftéme le fape & le renverfe. On peut juger par là de la fidelité & de la bonne foi qui regne dans les defenfes de l'Accufé, & s'il merite bien d'en être crû fur fes allegations, lui qui eft convaincu à chaque pas, & par de bonnes pieces, de fupofition & de fauffeté. Si la joüiffance à commencé vers le mois de Decembre 1729. il y a là fuffifemment du tems pour y trouver la ceffation des regles pendant trois mois, qui n'emporte que deux fupreffions.

Enfin comment ofoit-il reculer l'epoque de la jouiffance jufqu'au mois de May, & dire que la bleffure étoit de la fin du même mois, pour trouver là toutes ces incongruitez chimeriques qu'il a étalées dans fon Factum, tandis qu'il eft prouvé par la Procedure & par fes propres avûs, comme nous l'allons montrer, que la bleffure eft arrivée au mois d'Avril precedent, & quelques jours après Pâques, puifque le pot plein de fang quien eft l'époque, depofé par la Servante, & avoüé par l'Accufé, eft placé au mois d'Avril, & quelques jours après Pâques ? Cela detruit en même tems la fauffe contradiction qu'il a voulu faire trouver entre ces reponfes de la Cadiere & la depofition de la fervante, en difant que la Cadiere fixe fa bleffure fur la fin du mois de May, & la Servante au mois d'Avril & quelques jours après Pâques ; puifque nous venons de faire voir que la Cadiere par fes reponfes ne fixe point fa bleffure au mois de May.

La feconde fupofition fur laquelle l'Accufé apuye le fifteme de fes défenfes contre l'avortement, eft de dire à la page 41. de fon Memoire qu'elle n'avoit point eu de ceffation de marques exclufives de groffeffe, depuis le mois de Mars ; & pour tâcher de le perfuader, il a dit d'un côté que ces pretenduës transfigurations étoient des barbouillemens qu'elle fe faifoit de fon fang périodique ; & de l'autre, que depuis le mois de Fevrier 1730. jufqu'au mois d'Octobre fuivant, elle n'a jamais ceffé d'avoir les infirmitez ordinaires aux Femmes. En effet, continue-t-il, dans 14e. jour du Journal de fon Carême, qui tombe precifement au 8. Mars, elle dit que cette douleur des pechez des hommes fut fi vive, qu'elle la reduifit au lit, en lui caufant un crachement & une perte de fang très-confiderables : Le 7. Avril où tombe le Vendredy Saint, elle eut une transfiguration où elle parut le Vifage barbouillé de fang ; le 8. May autre transfiguration avec même barbuiilement de fang : Le 11. Juin elle écrit au Pere Girard qu'elle vient d'avoir un grand crachement & une grande perte de fang ; le 7. Juillet autre transfiguration dans le Couvent d'Ollioules avec barbouillement de fang ; le 8. Aout elle lui écrit que la Medecine lui avoit caufé un crachement de fang qui l'obligeoit à garder le lit ; que cela avoit effrayé la Communauté qui au retour de la Meffe l'avoit trouvée toute couverte de fang ; & dans la Lettre du 9. Septembre elle lui dit, *mes pieds & mes mains furent tout à la fois enfanglantez, comme Madame l'Abeffe, qui en fut le Temoin, fut la premiere à m'en faire apercevoir.*

Mais ce n'eft là qu'un tas de mauvaifes équivoques bien faciles à demêler & à détuire. Car 1°. N'avons-nous pas montré à la page 7. & 8. de ce Memoire, que les transfigurations n'étoient pas des barboillements faits avec fon fang periodique ? Nous ajouterons feulement ici que ce pretexte

eft

eſt d'autant plus ridicule, que d'une part il eſt prouvé par la Lettre de la Cadiere du 21. juillet produite par l'Accuſé, dont il a par là aprouvé la teneur, ſuivant le principe de Dumoulin ſur la Coûtume de Paris §. 8. *in verb denombrement* n. 36. que la Cadiere qui avoit deja eu une premiere transfiguration le 7. du même mois, en eut une ſeconde le 20. les Femmes & les Filles ont-elles leur incommoditez ordinaires deux fois par mois ? Et que de l'autre il étoit ſi loin de regarder ces transfigurations comme un barbouillement fait avec un ſang periodique, que non-ſeulement le jour de la transfiguration du 7. Juillet, il dit aux Religieuſes de garder ſoigneuſement l'eau avec laquelle on avoit lavé le Viſage de la Cadiere, parce qu'elle fairoit des Miracles : mais encore lors de ſes transfigurations, après lui avoir lui-même lavé le Viſage, il beuvoit la moitié de cette eau mêlée de ſang, & faiſoit boire l'autre moitié à la Cadiere.

2º. Dabord que l'epoque de la Bleſſure eſt fixée au mois d'Avril 1730. il n'eſt plus neceſſaire d'examiner que l'entredeux depuis lors, en retrogradant vers le mois de Decembre qui eſt l'époque de ſes viſites à porte fermée, & ſur tout juſqu'au mois de Janvier, pour voir ſi l'on y trouve dans la Cadiere ces marques excluſives de Groſſeſſe. Or dans cet intervale l'Accuſé n'allegue que le Fait du Carême, ſoit au commencement, ſoit au 14. jour du Carême qui étoit le 8. Mars, & le 7. Avril qui étoit le Vendredy Saint. A l'égard du Vendredy Saint, c'eſt le jour d'une transfiguration qui avoit même commencé le Jeudy Saint, & par conſequent le 6. & nous avons montré que cette transfiguration ni les autres n'étoient pas faites avec un ſang periodique, & comment auroit-elle pû avoir ſes regles quatre ou cinq jours après, puiſque ſuivant l'avû de l'Accuſé, elle eut cette grande perte de ſang, qui eſt l'epoque de la Bleſſure, trois ou quatre jours après Paques ? Pour lui montrer la fauſſeté de tout ſon ſiſteme, nous n'avons qu'à lui faire ce dilemme, ou cette perte de ſang qu'elle eut quatre ou cinq jours après Pâques, étoit un Avortemens, ou bien ce n'étoient que ſes regles : Si c'étoit un Avortement, elle ne pouvoit pas avoir eû ſes regles le Jeudy & le Vendredy Saint ; ſi s'étoient ſes regles, elle ne pouvoit pas les avoir eûes deux fois dans moins de 8. jours ; & cela prouveroit toujours mieux que ces transfigurations n'étoit pas un barbouillement faits avec un ſang periodique.

A l'égard de la perte de ſang dont il eſt parlé au commencement du Carême, & au 14ᵉ. jour du journal du même Carême qui eſt le 8. Mars, & qu'elle joint avec un crachemens de ſang, ce n'étoit pas là une perte de ſang qui procedât de ſes regles, mais bien une eſpece de ſueur de ſang : Voici les termes du commencement du Carême, à la page 50. où le 14ᵉ. jours ſe refere. *Il me ſembla que tout en moy, mon eſpris, mon cœur ; en un mot toutes mes puiſſances n'étant que pechez, qu'abominations, que profanations, & que violemens excecrables de ſes ſaintes Loix ; douleur, dis je, ſi forte qu'elle me jetta dans nne agonie mortelle, & dont l'impreſſion fut ſi aiguë, qu'elle fit diſſoudre dans l'inſtant, juſqu'au dernier jour de Carême, de toutes les parties de mon Corps, une quantité prodigieuſe de ſang.* Etoient-ce là ſes regles ? Sont-elles continuelles & journalieres ? Le Sexe auroit de la peine à ſe ſoûmettre à une pareille incommodité ? l'Accuſé auroit été des premiers à s'en plaindre.

Après cela le Querelé ajoûte que la preuve de cet Avortement & du Breuvage qui l'a procuré, n'eſt apuyé que ſur l'allegation de la Cadierer, & ſur le temoignage ſuſpect de ſa Servante ; que perſonne ne lui a vû préparer ce Breuvage meurtrier ; que perſonne ne lui a vû acheter des drogues pour le compoſer ; qu'on veut lui prêter ici un aveuglement & une conduite étrangere, pour lui faire commettre le plus horrible de

S

tous les crimes ; qu'il n'auroit pas eu befoin de compofer ce Breuvage chez la Cadiere ; qu'il l'auroit preparé chez lui ; qu'il le lui auroit porté dans quelque Bouteille ; que fon Art Magique lui auroit fuffi ; qu'il au-roit pû lui procurer cet Avortement d'une autre maniere ; quil ne lui avoit donné que de l'eau naturelle ; que deux raifons l'avoient determiné à lui donner cette eau ; l'une, pour exercer une œuve de charité à l'é-gard de fa Penitente ; & l'autre, parce que les Domeftiques de la Mai-fon de la Cadiere étant reduits à une Servante, il fe pouvoit faire qu'elle fût abfente ou occupée dans les moments qu'elle étoit preffée de la foif; que la Cadiere n'avoit pas refté au lit, ni gardé la chambre huit jours de fuite ; qu'il n'y avoit jamais été huits jours confecutifs, & que fa Ser-vante ne le dit pas non plus , & qu'elle repand cette eau donnée depuis le Carnaval jufques au 5. Juin.

Voilà bien de faux pretextes entaffez les uns fur les autres, pour con-tefter une chofe fi vraye & fi bien prouvée ; car 1°. Comment ofe-t'il di-re qu'il n'y ait ici que l'allegation de la Cadiere & le temoignage fufpect de fa Servante , pour prouver cet Avortement ? Toutes les preuves que nous venons de raporter de ce commerce ne fervent - elles pas en mê-me-tems pour l'Avortement ? Et n'y a-t'il pas un nombre de faits confta-tez qui en forment une preuve invincible ? Le temoignage de la Servan-te , qui eft ici un Temoin neceffaire pour des faits domeftiques, n'eft-il pas bien legitime, comme nous l'avons prouvé à la page 7. du Memoire des Objets? Et fa depofition n'eft-elle pas même conforme aux avûs de l'Accufé ?

2°. Ne diroit-on pas que pour acheter les Drogues , & pour preparer ce Breuvage, il avoit applé des Temoins ? Ne fçait-on pas même que les Jefuites ne manquent point de provifion de toute forte de Drogue qu'ils font venir de la Chine ?

3°. Il n'eft pas queftion de fçavoir ici s'il auroit pû procurer cet Avor-temeut d'une autre maniere qu'il n'a fait ; mais feulement s'il l'a verita-blement procuré ; & c'eft ce qui eft prouvé fi évidemment , qu'on ne peut pas le revoquer en doute. Il dit que c'eft là lui prêter une conduite irre-guliere & pleine d'aveuglement ; mais tout ce Procès n'en eft-il pas une belle preve ?

4°. La Servante ne dit pas qu'il lui ait donné de l'eau depuis le Car-naval jufques au 5. Juin ; car elle ne defigne ce tems que comme celui de fes frequentes vifites : A l'égard de l'eau, elle dit feulement qu'il avoit fou-vent été prendre de l'eau? *qu'il la portoit lui-même à la Demoifelle Cadiere , & qu'il ne vouloit pas que perfonne s'en mêlât, quoique la Depofante & les Parens de la Demoifelle Cadiere s'offrifent pour le faire.*

5°. Il eft certain que pendant les 8. jours confecutifs, qu'il lui avoit don-né ce Breuvage , elle avoit gardé le lit, ou la chambre, & qu'il y étoit ve-nu pendant ces huit jours confecutifs.

6°. Le pretexte fondé fur ce que les Domeftiques de la Cadiere étoit reduits à une Servante , qui pouvoit être abfente , eft infoûtenable ; car outre que cette Servante ne s'abfentoit point, & qu'il y avoit encore la Mere, la Belle-Sœur & les Freres, qui auroient pû lui donner à boire , fans que le Directeur fût obligé de le faire, d'ailleurs n'eft- il pas prouvé par la depofition de la Servante , que le Pere Girard ne vouloit point que perfonne autre s'en mêlât, quoique la Servante & les Parens s'offriffent pour porter cette Eau? Ce n'étoit donc pas ici feulement de l'Eau naturelle pour boire , puifqu'elle avoit une couleur rougeâtre, que la Poudre qu'il y mettoit dedans lui donnoit & qu'elle avoit un mau-vais goût, ni un acte de charité pour fa Penitente. Paffons maintenant aux differentes preuves que nous avons de cet Avortement.

La premiere se tire de ce qu'il est prouvé par la deposition de la Servante & par l'avû de l'Acusé, qu'il avoit donné plusieurs fois une pleine écüelle d'Eau à la Demoiselle Cadiere, qu'il alloit prendre lui même à la cuisine. On ne peut pas douter que cette Eau ne fût pour le Breuvage qu'il lui donnoit, dans laquelle il mettoit de la poudre dedans qui la rendoit rougeâtre & qui lui donnoit un mauvais goût, comme elle l'a toûjours soûtenu pendant tout le cour du Procès; & ce qui en est nue preuve sans replique, c'est qu'il ne lui donnoit pas cette Boisson dans un verre, mais dans une écüelle. Quoi! N'avoit - on point de verre dans cette Maison, qui étoit pourtant si bien garnie de tout? Et depuis quand se sert-on pour boire d'écüelles, & non pas de verres? Que l'Accusé nous dise lui - même, pourquoi il se servoit d'une écuelle & non pas d'un verre La raison n'en est pas difficile à trouver, c'est qu'un verre est transparent, & qu'on auroit vû à travers ce verre la couleur de cette Boisson rougeâtre, au lieu qu'une écuelle n'est pas transparente. D'ailleurs un Jesuite d'un merite si distingué, un grand Predicateur, un fameux Directeur, se seroit - il avilli jusqu'à se rendre l'Infirmier & la Garde de sa Devote, s'il n'avoit pas été interessé à cette indisposition & si son interêt ne l'y avoit pas attaché? Et auroit-il disputé à la Servante le soin de lui aller prendre & de lui donner à boire? L'auroit-il même empechée absolument de le faire, aussi bien que la Mere & les autres Parens? D'où vient qu'il ne lui a jamais été prendre aucun Bouillon; qu'il ne lui en a jamais donné aucun; qu'il laissoit ce soin à d'autres personnes, & qu'il bornoit les siens à lui aller prendre de l'Eau dans une écuelle, & à lui en donner seulement une fois par jour? Car s'il lui en falloit donner davantage, il ne s'en mêloit plus. La charité de la directiou étoit-elle uniquement bornée à cette premiere écuelle d'Eau? Et n'avoit-elle pas la force de s'étendre jusqu'aux Bouillons, ni aux autres fois qu'elle auroit eu besoin de boire, On voit bien quel étoit ici la nature de sa charité, & quel en étoit l'objet.

La seconde preuve se titre de ce qu'au bout de huit jours de ce Breuvage, elle fit une masse, que l'Official a crû être de sang ; & le Lieutenant, plus experimenté, être de chair. Voilà l'effet de ce Breuvage donné par ce Directeur, pendant huit jour. Voilà le corps de l'Avortement.

La troisiéme preuve se tire du Pot de Sang, que la Cadiere fit lors de cette Blesseure, & que l'Accuse fut voir deux ou trois fois vers la fenêtre avec des yeux fort curieux. Ce Pot de Sang est prouvé, non seulement par la deposition de la Servante, mais encore par l'avû du Querellé ; & elle ajoûte que lorsqu'elle le partoit, il dit ; en s'emportant contre la Cadiere ; *quelle imprudence de confier un pareil secret à une servante ! Ha ! Quelle imprudence !*

Il opose que la Cadiere n'auroit pas confié un secret de cette consequence à sa Sarvante, & qu'il ne seroit pas demeuré spectateur tranquille d'un évenement si interessant pour lui. Mais cette Objection ne peut servir qu'à prouver toûjours mieux la verité du fait depofé par la Servante, que le Pere Girard, lorsquelle portoit ce Pot plein de Sang, dit avec emportement, *quelle imprudence ! Ha ! Quelle imprudence !*

Mais outre que la Cadiere, qui étoit une Fille si simple, ne soupçonnoit ried de mauvais dans ce Breuvage, ni peut-être même dans cette grande perte de Sang? puisqu'on voit que devant l'Official, elle dit qu'elle avoit fait une Masse de Sang, & qu'ayant dit la même chose devant le Lieutenant, celui-ci qui comprit par toutes les circonstances que c'étoit une veritable Blessure, voulut mettre dans l'exposition que c'étoit une

Maſſe de Chair. D'ailleurs il eſt inutile de vetiller là-deſſus, & de dire qu'on n'auroit pas dû confier un pareil ſecret à cette Servante, ce qui ne pouvoit même guere ſe faire autrement, d'abord qu'on vouloit en faire un miſtere aux Parens, & même à la Mere : Ne ſuffit - il pas que le fait du Pot de Sang porté par la Servante ſoit prouvé, & même avoué par le Pere Girard, puiſque tous les raiſonnemens du monde ſont inutiles contre un fait ſi bien conſtaté ?

Enfin, l'avû que l'Accuſé fait d'avoir vû ce Pot de Sang, ne ſuffiroit-il pas tout ſeul, pour prouver & ſon commerce avec ſa Penitente & cet Avortement, Car n'eſt-ce pas là une familiarité Maritale ? Et combien de Femmes ne ſe fairoient-elles pas même une peine de montrer un pareil Pot de Sang à leur Mari, Voici le beau pretexte auquel le Pere Girard a recours pour excuſer une liberté, une conduite ſi irreguliere & ſi étonnante ; il eſt certainement digne de lui ; il eſt renfermé dans ſa reponſe, au 107. interrogatoire, dont nous allons raporter les paroles. *Interrogé ſi la Cadiere ne lui a pas montré un Pot de Chambre plein de Sang, & s'il ne l'a pas conſideré avec attention. A repondu que ladite Cadiere après Pâques, ſe voulant preparer à ſa transfiguration du 8. May, elle lui dit que Dieu la voulant renouveller entierement, lui faiſoit perdre tout ſon Sang petit à petit, pour la reproduire tout de nouveau ; ce qui jetta le Repondant dans un grand étonement, attendu qu'il lui voyoit toûjours ſa couleur noturelle & aucun abatement ; & comme ſouvent il lui avoit paru ſurpris de cela, un ſoir étant chez elle à la fin d'avril, elle prit un Pot de Chambre dans lequel il y avoit une liqueur noiratre, qu'elle emporta ſur le champ, & mit dehors ſa Chambre.*

1°. On voit à travers de tout cela qu'il avoit jetté cette Infortunée Penitente dans une eſpece de Phanatiſme pour abuſer plus facilement d'elle ; mais le pretexte qu'il aporte pour excuſer cette demarche eſt évidement faux. En effet, à qui veut-il perſuader qu'un Jeſuite auſſi éclairé que lui eût crû que cette Perte de Sang étoit une preparation à la Transfiguration du 8. May ; Nous ſçavions bien qu'avant que d'être Jeſuite il étoit Soldat ; mais nous ne ſçavions pas qu'il fût Medecin, pour juger par l'examen de ce Sang de la cauſe de la perte qu'elle en faiſoit. La Juſtice & le Public ſe payent-ils de pareilles raiſons.

2°. Il eſt tombé à l'égard de ce fait dans deux variations bien marquées ; car dans cette reponſe, il dit d'une part d'avoir vû ce plein Pot de Sang, parce qu'il croyoit que Dieu vouloit faire perdre peu à peu tout ſon Sang à ſa Penitente, pour la reproduire de nouveau ; & de l'autre, il ne veut avoir vû ce Pot dans lequel il y avoit une Liqueur noirâtre, qui eſt la couleur du Sang d'abord qu'il eſt ſorti du corps, que comme par hazard & dans le tems du tranſport de ce pot de Sang, & ſans qu'il eût voulu le voir : Cependant à la page 5. de ſon Memoire *in fine* ; & à la page 40. au commencement, il dit, que Dieu faiſoit perdre le Sang à ſa Devote, non pas pour la reproduire & la renouveller ; mais pour lui procurer la mort : Il dit, non pas d'avoir vû comme par hazard ce Pot de chambre, dans lequel il y avoit une Liqueur noirâtre ; mais que la Cadiere ayant fermé la porte, lui montra dans un vaſe de fayence, propre à ces ſortes d'uſages, une certaine quantité de Liqueur rougeâtre & noirâtre. Voici ſes propres termes, à la page 5. qui ſont enſuite à peu près repetez à la 40. *La Cadiere ayant aſſuré le Pere Girard qu'elle perdoit miraculeuſement tout ſon Sang, ce qui devoit lui procurer la mort, ce Pere, qui avoit quelque peine à croire ce pretendu miracle, parce qu'il n'en paroiſſe rien ſur ſon viſage ni dans ſon embonpoint qui étoit toûjours le même, ſe tranſporta à la Chambre de la Cadiere ; & celle-ci ayant fermé la Porte, lui montra dans un*

Vaſe

Vaſe de Fayance propre à ces ſortes d'uſages, une certaine quantité de Liqueur rougeâtre & noirâtre; elle mit enſuite ce Vaſe hors de ſa Chambre. Voilà les deux variations dans leſquelles il eſt tombé; cependant la verité eſt une, & ſimple. Si la Cadiere lui avoit dit que Dieu lui faiſoit perdre ſon Sang petit à petit pour la produire de nouvea, elle ne lui avoit pas dit que c'étoit pour la faire mourir: S'il n'avoit vû que cóme par hazard & pour ainſi dire du coin de l'œil ce Pot plein d'une couleur noirâtre, il n'en avoit pas fait un examen étudié. Mais il eſt certain que ce ne ſont là que des faux pretextes; que la Cadiere ne lui avoit dit, ni que Dieu voulût la reproduire, & renouveller tout ſó Sang, ni qu'il voulût par là la faire mourir; & que tout ce qu'il y a de vrai dans tout ceci, c'eſt que le Pére Girard, comme elle l'a dit dans ſon expoſition, & comme il en convien par ſon factum, avoit fait un examen *ex profeſſo*, pour ainſi dire, de ce Pot de Sang, pour voir s'il y trouveroit une Maſſe de Chair, & quelque preuve certaine de cet Avortement qu'il ſouhaitoit tant pour ſe tranquiliſer, & qu'il avoit voulu procurer par le Breuvages qu'il lui avoit dónez. Mais quelque faux motif qu'il veüille prêter à ſa curioſité, cela ne peut jamais changer la qualité du fait, ni ce plein Pot de Sang, qui ſuffiroit toûjours pour prouver la Bleſſure; & à quelle autre cauſe pourroit-on attribuër cette perte de Sang qui avoit duré pluſieurs jours, & qui alloit au-delà de 20. livres, ſuivant l'avû qu'il en avoit fait à l'Abbeſſe & à la Maitreſſe des Novices du Couvent Ste. Claire d'Ollioules, comme il eſt prouvé par le recolement?

La quatriéme preuve de cet Avortement ſe tire de ce que la Mere, qui ignoroit tout ce miſtere, & qui ne ſçavoit pas quelle étoit l'indiſpoſition de ſa Fille, vouloit la faire viſiter par un Medecin; mais le Pere Girard ne le voulut point, & l'en diſſuada, en lui diſant que les maux de ſa Fille etoient des maux Divins qui n'avoient pas beſoin de remedes humains, & qu'ils n'étoient pas de la cónoiſſance des Medecins: Ce fait ſi important eſt prouvé par l'avû qu'il en a fait dans ſa confrontation mutuelle avec l'Abbé Cadiere. Or nous demãdons à l'Accuſé d'où vient qu'il a empêché la Mere de faire viſiter ſa Fille par des Medecins? N'eſt-ce pas uniquemét parce qu'il craignoit qu'un Medecin ne reconnût que l'indiſpoſition de ſa Penitente étoit une Bleſſure, & que ce miſtere d'infamie qu'il cachoit avec tant de ſoin ne fût decouvert? Auſſi ce fait a parû ſi accablant au Querellé, qu'il a trouvé bon de le paſſer ſous ſilence, quoique nous le lui euſſions opoſé à la page 49. de nôtre premier Memoire.

La cinquiéme preuve ſe tire de la demande ſi ſurprenante qu'il fit à l'Abbeſſe & à la Maîtreſſe des Novices la premiere fois qu'il les vit, ſi la Cadiere n'avoit point de perte de Sang. L'accuſé dit que ſi ce fait étoit veritable, il prouveroit que l'Avortement étoit arrivé après le voyage d'Aix, & non pas deux ou trois jours après Pâques, comme dit la Servante: Il ajoute qu'il auroit été le plus inſenſé & le plus extravagant de tous les hommes de faire une pareille queſtion, & qu'elle prouveroit même encore plus ſon innocence; & comme il ſçait bien tout le contraire, il finit par paſſer negative ſur le fait.

Nous lui accorderons s'il veut d'avoir tenu une conduite inſenſée & pitoyable, il n'y a perſonne qui en doute; mais nous ne voyons pas encore bien comment cette demande faite à l'Abbeſſe & à la Maîtreſſe des Novices, prouve encore plus ſon innocence. Elle ne prouve nullement que l'Avortement fût arrivé après le voyage d'Aix; c'eſt-à-dire, à la fin de May, puiſqu'il eſt ſi bien prouvé, même par ſes propres avûs, qu'il étoit arrivé au mois d'Avril, & trois à quatre jours après Pâques. Cette demande pouvoit avoir une double raiſon, ou d'éclaircir ſi la Cadiere s'étoit veritablement bleſſée, ou bien il craignoit qu'elle ne fût reſtée Groſſe de la continuation de ſes viſites après la Bleſſure, & dans le mois de May, & entre autres du jour qu'il lui avoit donné la Diſcipline. Voilà pourquoi il demandoit ſi cavalierement à l'Abbeſſe & à la Maîtreſſe des Novices, au premier moment & la premiere fois qu'il les vit, ſi la Cadiere avoit ſes regles, afin de ſe raſſurer ſur ſes craintes: Et il reconnoît ſi bien que cette demande portoit là, qu'il ne fait pas façon à son ordinaire d'en paſſer negative; mais n'eſt-elle pas prouvée par le recolement de l'Abbeſſe & de la Maîtreſſe des Novices?

La derniere preuve de cet Avortement eſt tirée de ces termes de la Lettre de l'Accuſé du 30. Juillet 1730. *Marquez-moi quand, & comment les biens ſont revenus: Je ſuplie celui qui en eſt l'unique ſource de les repandre ſur vous avec plus d'abondance; & que cette ſuſpenſion qui y a été miſe par des fautes, ſoit comme une digue enfin rompuë, après quoi les eaux innodent & entrainent tout.*

L'Accuſé avoit fait pluſieurs nottes manuſcrites ſur cette Lettre dans le Cayer manuſcrit, par leſquelles il pretendoit que cela ſigninoit le retour des Stigmates.

Comme nous avons fait voir dans nôtre precedent Memoire, page 49. que ces termes de la Lettre & cette inondation des Eaux ne peuvoient pas s'apliquer aux Stigmates, mais ſeulement aux marques excluſives de groſſeſſe, il n'a pas oſé en parler dans ſon Factum au Chap. de l'Avortement. il a retranché & abandonné toutes les nottes manuſcrites qu'il avoit faites ſur cette Lettre, & il s'eſt contenté dans le Diſcours qu'il a mis à leur tête, page 5. de dire que ces mots de ſa Lettre du 30. Juillet ſe raportoient à la Lettre de la Penitente du 29. où elle lui marquoit que Dieu l'avoit comblée d'une abondance de graces; que la comparaiſon de l'eau & de la grace eſt tirée de l'Evangile, & eſt familiere aux Chrêtiens, & il nous reproche d'avoir retranché ces mots *en lui*, qui ſon à la fin de la Lettre avec ceux-ci: *Je ſuis en lui tout ce que vous m'avez crû dans les jours les plus ſerains & les plus doux*, en les raportant dans nôtre Memoire.

Il eſt étonnant que l'Accuſé veuille toûjours mal à propos nous apliquer ſes infidelitez. Il n'a qu'à voir nôtre premier Memoire pag. 49. & il y trouvera les mots *en lui*, qu'il nous impute ſi fauſſement d'avoir retranchez. Mais revenons au veritable ſens de ces premiers termes de ſa Lettre du 30. Juillet, & montrons qu'ils ne peuvent s'apliquer qu'aux regles de ſa Penitente; & pour cela nous n'avons beſoin que de faire les obſervations ſuivantes.

Premierement il tombe dans une variation bien ſenſible: Il avoit d'abord dit dans ſa notte manuſcrite que ces termes s'apliquoient aux Stigmates; cependant aujourd'hui il convient qu'ils ne s'y apliquent pas, & veut les apliquer à la grace: La variation eſt le caractere du menſonge.

En ſecond lieu, la comparaiſon de l'eau avec la grace ne nous eſt pas inconnuë; mais nous ne croyons pas que l'Accuſé réüſſiſſe à perſuader que ces termes de ſa Lettre puiſſent s'apliquer aux graces dont il eſt parlé dans la Lettre de la Cadiere du 29.

1° S'il avoit prétendu parler des graces mentionnées dans la Lettre de la Cadiere du 29. pourquoi aller chercher des termes envelopez & obſcurs? Pourquoi ne pas ſe ſervir du terme de *grace* & des *eaux de la grace*, & non pas recourir à un terme ambigu de *Biens*? Le terme de grace avoit-il quelque choſe d'impropre ou d'indecent, pour aller chercher des circonlocutions?

2°. Ces mots, *marquez-moi quand & comment les Biens ſont revenus*, ne peuvent pas s'apliquer aux graces dont il eſt parlé dans la Lettre de la Cadiere du 29. ſoit parce qu'on ne dit gueres quand & comment les graces ſont revenuës; ſoit encore plus parce que la Cadiere par ſa Lettre le lui avoit aſſe expliqué.

3°. Il n'y a point de Lettre de la Cadiere où elle ne lui parle des graces qu'elle reçoit: D'où vient que dans aucune autre de ſes reponſes il ne lui demande pas quand & comment les Biens ſont revenus? Tout cela prouve bien ſenſiblemêt que ces termes de la Lettre du 30. Juillet ne peuvent ſe raporter ni aux Stigmates, comme il en convient, ni aux graces mentionnées dans la Lettre de la Cadiere du 29. mais bien à ſes marques excluſive de groſſeſſe, dont le retour étoit pour lui un ſi grand ſujet de joye, en le raſſurant ſur ſes craintes & ſes alarmes. Ce qui ne permet pas d'en douter, c'eſt que ſa joye & ſa galanterie éclatent dans cette Lettre, & ſur tout par ces derniers termes:

Je suis en lui tout ce que vous m'avez crû dans les jours les plus serains & les plus doux. Cette phrase est-elle d'un Directeur grave qui ne prêche que la grace à sa Penitente, ou d'un Directeur Charnel qui, jouant le rolle d'un Amant, en emprunte le langage ?

Mais pour achever la conviction de cet Incefte Spirituel & de cet Avortement, raportons encore ici la depofition de quelques-uns des Temoins à qui la Cadiere avoit avoué dans un tems non fufpect, & de bonne foy, une partie des libertez criminelles que le Pere Girard avoit pris fur elle, & des faits d'Avortement.

La Sœur Marie-Anne Boyer, Réligieufe, dépofe *que la Guiol lui avoit dit que voyant les foins que le Pere Girard prenoit de la Cadiere, & de la maniere dont il s'etoit livré à elle, elle comprenoit bien qu'il falloit qu'il y eût des chofes furnaturelles.* La Guiol meritoit bien d'en être crûe, quand elle difoit que le Pere Girard s'étoit livré à la Cadiere, & qu'il fe paffoit entr'eux des chofes extraordinaires. Quel détail n'en auroit-elle pas pû faire, elle qui étoit la confidente de ce miftere d'iniquité ?

La Dame de Reimbaud, Religieufe Chairifte d'Ollioules, dans fon recolement ajoûte, *que quelques jours avant que la Demoifelle Cadiere fortît du couvent, & au commencement de fa broüillerie avec le Pere Girard elle dit, à elle Temoin, que le Pere Girard avoit des complaifances infinies pour elle; que le Pere Girard la vifitoit dans fa Maifon à Toulon quand elle étoit incommodée qu'il a faifou mettre fur le lit & l'accommodoit avec des Carreaux, qu'il la careffoit & prenoit des libertez fur elle qu'elle ne lui expliquoit pas; & qu'elle lui répondit qu'il falloit qu'elle eut été prévenue de grande graces, pour n'avoir pas correfpondu à cela, & qu'alors elle lui dit, Mademoifelle, je deteftois fa direction, mais à prefent je l'abhorre; qu'elle lui avoit montré des Lettres du Pere Recteur, qu'elle lui dit encore fur le reprefentations qu'elle lui faifoit qu'elle en rougiffoit à prefent; mais qu'alors elle fe fentoit de l'amitié pour lui.* Voila la preuve que le Pere Girard faifoit mettre la Cadiere fur fon Lit, l'accommodoit avec des Carreaux, la careffoit, & prenoit des libertez fur elle dont elle n'avoit pas le cœur de faire le détail à cette Religieufe; mais elle lui en difoit affez pour lui faire comprendre que ce Directeur avoit abufé d'elle. Cette Religieufe montre bien qu'elle le comprenoit affez, lorfqu'elle repondit à la Cadiere, Mademoifelle, jé deteftois fa Direction, mais à prefent je l'abhorre. Les Lettres du Pere Girard, qu'elle ajoûte que la Cadiere lui avoit montré & qui faifoient rougir celle-cy, font une nouvelle preuve de la réfection que le Pere Girard en a faite.

Therefe Lione dépofe *avoir entendu dire à la demoifelle Catherine Cadiere, depuis quelle eft revenuë de la Baftide, & vers la fin du mois d'Octobre dernier, qu'un jour en revenant de fes extafes, elle avoit fenti la main du Pere Recteur dans fa Gorge, & que dans une autre occafion où elle fe fentoit élevée en l'air, & s'attachant au bras de la Chaife où elle étoit affife, ledit Pere Recteur des Jefuites lui retiroit les bras, l'exhortant de fe livrer & de laiffer agir l'Efprit de Dieu, ce qu'elle ne voulut faire, & le prétendu Miracle n'eut pas lieu. Dépofe encore avoir entendu dire à ladite Cadiere, que Dieu ayant fait connoître à la Demoifelle Guiol la défobeïffance de la Cadiere, elle en fut punie par la difcipline que lui ordonna le Pere Recteur, & qu'il lui donna lui-même dans fa Chambre; ajoûtant encore avoir entendu dire à ladite Cadiere, que dans le tems de fes douleurs & colliques, elle avoit fait une efpece de Maffe de Chair convertie en fang, quelle montra au Pere Recteur, & qu'il vit en approchant le Pot de la Fenêtre, lefquelles chofes entendues par la Depofante, l'obligerent à demander à la Demoifelle Cadiere, fi elle n'en avoit rien communiqué à perfonne, à quoi elle répondoit qu'elle en avoit fait confidence à la Demoifelle Guiol laquelle pour toute réponfe en avoit ri.*

Cette depofition prouve que l'Accufé abufoit de fa Penitente dans le tems de fex extafes, puifqu'au retour d'une, elle avoit trouvé la main de fon Directeur dans fa Gorge : Elle prouve qu'il lui avoit d'onné la difcipline ; elle prouve que la Cadiere avoit fait une Maffe de Chair que le Pere Girard avoit été examiner en portant le Pot vers la Fenétre ; elle prouve que l'Accfé, de concert avec fa Confidente, joüoient cette pauvre Fille, puifque le Pere Girard ayant dit à la Guiol, la prétenduë defobéïffance de la Cadiere, fa Guiol lui fit accroire que Dieu la lui avoit revelée ; elle prouve encore que quand la Cadiere difoit à la Guiol, que l'Accufé lui avoit donnée pour Confidente, tout ce qu'il lui faifoit, la Guiol en rioit.

Magdelaine Allemand dépofe *qu'après le retour de la Demoifelle Cadiere du Gouvent d'Ollioules, & après les premiers Exorcifemens fait par le Pere Carme de l'ordr de Monfieur l'Evêque à la Baftide qui eft au Quartier de St. Antoine, & quelque tems avant que le Procès commençât, la Demoifelle Cadiere envoyat prendre la Depofante dans fa Maifon, & lui dit avec amitié & confiance : Mon Enfant, je fuis bien aife de vous dire que tout ce que vous avez vû en moi n'étoit que preftiges & illufions, & que tout a difparut depuis les Exorcifemens du Prieur des Carmes. Qu'effectivement elle lui montra fes mains où il ne reftoit feulement pas les cicatrices ni aucune marque des ftimates qu'elle avoit vües autre fois fur le dos des deux mains de ladite Cadigre, avec une croûte, n'ayant point vû le dedans de fes mains. Dit de plus que la Demoifelle Cadiere lui avoit dit que s'étant trouvée dans la Chambre dans une fufpenfion de fes fens, en étant revenuë, elle fe trouva affife par terre, & le Pere Girard affis derriere elle qui auoit la main à fon côté dans fon corps, qu'il avoit vraifemblablement delacé ; & qu'étant revenue à elle, le Pere Girard lui dit de fe lacer Dit en outre que la Demoifelle Cadiere lui avoit raconté qu'étant feule dans fa Chambre avec le Pere Girard, étant affife fur une chaife & le Pere Girard fur une autre vis-à-vis delle, il luy prit un Extafe, & fe trouvant faifi d'un fentiment de vanité, elle fe prit contre la chaife pour tacher d'y refifter ; & le Pere Girard au contraire voulut lui faire quitter la chaife en lui ordonnant de s'abandonner à l'Extafe, & dans ce combat le moment de l'Extafe s'évanoüit. Dit de plus que la Demoifelle Cadiere lui dit tout de fuite le même jour, que la Demoifelle Guiol étant dans l'Fglife en prierr, ayant eu connoiffance, par une aparation de Jefus-Chrift, comme elle Cadiere avoit refifté à la grace de cette Extafe, ladite Guiol en fit des reproche au Pere Girard qui le lendemains alla trouver ladite Cadiere, & entrant dans fa Chambre fort en colere lui dit des paroles facheufes fur ce qu'elle avoit réfifé à cette Extafe, & pour l'en punir lui ordonna de fe de habiller, ce qu'elle ne voulut pas faire, & après quelques conteftations elle tomba dans une fufpention de puiffances, & lui obeit comme auroit fait un Enfant, & fe deshabilla toute nuë, ayant même quitté fa chemife ; & alors le Pere Girard ayant une difcipline à la main lui en donna, après quoi il la fit habiller ; & que le Pere Girard s'étant aprohé il fe deboutonna, & qu'elle s'étant trouvée fur fon lit, le Pere Girard avoit fon côté fur elle, & qu'elle Cadiere ne fçavoit fi le Pere Girard avoit joüi d'elle. Dit en outre que la Cadiere lui a dit qu'ayant été malade de fes maladies divines, le Pere Girard pendant 13. jours étoit allé regulierement chez elle, où il fe fermoit à clef dans fa Chambre, & la faifant mettre au bord du lit, & l'embraffant d'une main, il lui fuçoit la playe du côté ; que pendant une quinzaine de jours le Pere Girard, qui vifitoit la Cadiere, envoyont prendre de l'Eau par la fervante ; que le Pere Girard alloit à fa rencontre pour prendre ladite Eau fur les efcaliers, à laquelle elle trouvoit un mauvais goût, ne fçachant pas ce qu'il y mettoit dedans. Que ladite Cadiere lui a encore dit qu'ayant eu une perte de Sang, le Pere Girard lui dit de garder la Chambre, & qu'un jour ayant pris le pot de chambre, & y aiant fait du Sang dedans, le Pere Girard alla le regarder à la fenêtre. Dit en outre que la Cadiere lui a encore dit que le Pere Girard avoit pris les mains de la Cadiere qu'il avoit introduites fous fa Robe fur fon côté. Dit encore que la Cadier lui a dit que prefque tous les foirs, avant que d'entrer au Confeffional, le Pere Girard l'embraffoit & la baifoit, après quoi ils entroient dans le Confeffional Dit que la Cadiere lui a encore dit que le Pere Girard lui avoit baife le derriere,*

&

Eŝ que d'abord qu'il entroit dans fa Chambre , il lui mettoit la main fur le Sein , ce qui la faifoit tomber dans la fufpenfion de tous fes fens , en maniere qu'elle ne fçavoit plus rien de tous ce qui lui arrivoit, fi ce n'eſt qu'elle fentoit des douleurs comme des Coliques. Dit de plus que la Cadiere lui dit qu'une ou deux fois elle étant au lit , le Pere Girard l'avoit decouverte , & lui dit je ne vois rien , & alors il tira le Rideau de la Fenêtre pour y voir.

La Batarele dépofe les mêmes faits. Voilà le detail d'une partie des infamies que ce Directeur a commifes fur la perfonne de fa Devote Nous ne faifons aucunes reflexions fur ces deux depofitions; foit parce que les faits qu'elles renferment font trop clairs, pour avoir befoin d'un commentaire ; foit encore plus parce que c'eſt affez de les avoir tranfcrits dans ce Memoire, ce que nous n'avions pas ôfé faire dans le precedent, fans arrêter d'avantage l'efprit par de reflexions fur des faits que la pudeur lui voudroit cacher, *animus refugit.* Nous nous contenterons de faire ici deux reflexions qui font voir toute la force que doivent avoir ces depofitions, & qu'elles font abfolument exemptes de tout foupçon.

La premiere de ces reflexions eſt que la Demoifelle Cadiere avoit dit à ces Témoins tous ces faits dans un tems non fufpect; & non-feulement avant le Procès, & dans un tems qu'elle ne pouvoit pas deviner qu'on la forceroit un jour malgré elle à faire fon expofition ; mais encore dans le tems qu'elle étoit au Convent d'Ollioules, & où joïffant de la reputation d'une Sainte , puifque l'Accufé convient qu'alors elle étoit confulté comme un oracle de fainteté par les gens de tout état, elle auroit eu tant d'interêt de cacher de pareilles chofes, qui étoient capables de donner d'elle des idées fi opofées, ce qui fait voir que c'étoit la verité pure qui fortoit d'une bouche ingenuë.

La feconde eſt , que par les reponfes que l'Official lui arracha par furprife, lors qu'il acceda chez elle, elle dit qu'elle avoit declaré ce qui s'étoit paffé entre elle & le Pere Girard, à la Guiol, à la Gravier à la Batarele, aux Religieufes , & autres perfonnes ; on ne peut pas dire que cela eût été premedité , puifqu'elle ne pouvoit pas deviner que les Jefuites, qui avoient tant d'interêt à cacher ce miftere de honte , euffent l'aveuglement infenfé de lui envoyer l'Official pour la forcer , par la religion du ferment, à le manifefter.

Des crime que la Loi declare ne pouvoir pas être prouvez par des Témoins occulaires, & pour la conviction defquels elle fe contente de prefomptions concluantes: *Cum clàm , & occulte committi foleant Adulteria , & prob. biti concubitus finique ob id difficilis probationis , factum hinc eſt , ut præfumptionibus , & conjecturis probari poſſint ,* comme l'Accufé n'ofe pas en difconvenir, furent-ils jamais mieux prouvez que le font cet Incefte Spirituel & cet Avortement ? Cette frequentation continuelle; ce commerce continuel de Lettres; ces Lettres paffionnées & étincellentes d'amour, comme font les Lettres du 22. Juillet & du 30. Août , aufquelles les autres qui ont été retirées étoient femblables , & qui prouvent nonfeulement les flames inceſtueufes de ce Directeur pour fa Penitente , mais encore leur commerce actuel ; cette difcipline donné par le Confeffeur à fa Devote; ce formulaire de confeffion; ces libertez criminelles par lui avoüées; celles dont il eſt convaincu par une foule de Temoins ; ces vifites fi frequentes à porte fermée, lors defquelles il reſtoit plufieurs heures enfermé feul avec fa Penitente , contre la prohibition des Canons & de fa propre Regle ; ce Breuvage qu'ils convient d'avoir donné fous la qualification d'eau pendant plufieurs jours; cette Maffe de Chair, & cette grande perte de Sang, qui alloit au-delà de vingt livres, fuivans fon avû à la l'Abbeffe & à la Maîtreffe des Novices, qui furent la fuite & l'effet de ce Breuvage ; ce Pot plein de Sang, qu'il convient lui avoir été montré par fa Penitente , & d'avoir examiné avec tant de curiofité & d'attention; fa variation fur le pretexte de voir ce Pot de Sang; fon avû d'avoir difsuadé la Mere de faire vifiter fa Fille par des Medecins ; fa demande à l'Abbeffe & à la Maîtrefse des Novices, la premiere fois qu'il les vit, fi la Cadiere n'avoit point de perte de Sang; cette joye, cet enjoüément qui éclatent dans fa Lettre du 30. Juillet, fur la nouvelle du retour des regles de fa Penitentes;tous ces Temoins, à qui elle avoit avoüé ingenûment dans un tems non fufpeçt,& contre fon interèt, & la reputation dont elle joüiffoit alors;les libertez criminelles qu'il avoit prifes fur elle, & ces faits d'avoitement, toutes les voyes iniques que les Jefuites ont employées pour faire varier cette Fille, ou pour fubotner des Temoins ; cette Lettre que l'Accufé a fait écrire pour cela par la Dame de Cogolin ; le rapel & l'adminiftie du Pere Aubani,pour fervir de faux-Temoin & de Sobornateur ; tout cela ne forme-t-il pas la conviction la plus entiere de cet Incefte Spirituel & de cet Avortement ? la Cour, par fes Arrêts,a condamné plus de mille Raviffeurs à la peine du Rapt ;mais a-t-Elle jamais trouvé dans aucune de ces Accufations la moitié des preuves que nous aportons ici ? Et ne faudroit-il pas fermer volontairement les yeux à la lumiere, & renoncer à l'ufage de la raifö pour trouver ici le moïdre doute? Après cela l'Accufé dira-til-que cette Accufation n'eft que l'effet d'un cóplot,& qu'on n'en veut qu'à fon habit ?

Mais ce n'eft pas là la feule Penitente dont il a abufé, puifque la Procedure prouve qu'il abufoit auffi de plufieurs autres de fes Devotes comme nous l'avons touché dans nôtre premier Memoire, page 49.& 50.à quoi il n'a fçû que repondre:Et il eft fi vrai qu'il nourriffoit fes Penitentes dans un affreux Quiétifme,& dans un efpece de Fanatifme, pour abufer plus facilement d'elles, qu'il leur permettoit des frequentes Parties de[plaifir,leur prêtoit même le Clerc des Jefuites pour leur fervir de Cuifignier,& les faifoit neanmoins communier tous les jours fans preparation , fans confeffion, & dans le tems qu'il fe plongeoit avec elles dans toute forte d'infamies.Un feul homme a-t-il jamais commis tant d'abominations ? Et la Juftice a-t-elle affez de peines pour le punir ?

L'Accufé fe plaint de ce que nous avons puifé les exemples de Mena & de Balthafard des Rois dans des Livre décriez depuis long-tems ; il dit que ce font là des faits odieux , dont on a montré fi fouvent la fauffeté,& qu'on n'a rapellez ici que pour faire peine au Corps , dont il eft Membre.

1°. La Cadiere a puifé ces deux exemples , non pas dans des Livres décriez' mais dans des Playdoyers faits contre les Jefuites,qui font autentiques par une impreffion legitime & permife en France, & qui n'ont jamais été; ni ne feront jamais decriez: Les Memoires , les Playdoyers des Avocats ne font pas accoûtumez à être profcrits, & le Barreau eft au-deffus de pareils inconveniens; & ces exemples, dont la verité eftfi connuë , ont paffé fi fouvent fous les yeux de la Juftice & des Parlemens,qu'il n'y a pas de la prudence à les revoquer en doute.

2°. C'eft bien mal à propos qu'il reproche au Defenfeur de la Cadiere d'être forti des bornes de la defenfe de fa Caufe ; pour fe repandre en des traits envenimez & calomnieux contre fon Corps : L'Accufé ignore-t-il que ces exemples font partie de la defenfe de la Cadierere ? A-t-il oublié que l'Art Oratoire a reçû les Argumens tirez des exemples, & que la Juftice les a autorifez dans la defenfe des Procès? Qu'il life tous les Playdoyers , & tous les Memoires des Avocats qui ont écrit,ou plaidé contre les Jefuites,& il verra s'ils ne font pas pleins d'exemples beaucoup plus éloignez de la caufe , dont les Jefuites n'ont pourtant jamais ofé fe plaindre, ou du moins s'ils s'en font plaints , il l'ont fait fort inutilement. En effet ; eft-il inutile de prouver que d'autres Jefuites ont commis les mêmes crimes, pour en conclure qu'il n'eft pas furprenant que le Pere Girard y foit tombé, & qu'il eft neceffaire d'en arrêter le cours par des juftes chatimens ? Et cette defenfe nous étoit ici d'autant plus permife , que la Societé , au lieu de defavoüer la conduite & les crimes de ce Membre coupable, en a prit la caufe, pour nous oprimer , & nous faire gémir fous le poids de fon injufte crédit.

Bien loin que nous nous foyons écartez de la défenfe de la Caufe , nous nous fommes privez des avantages que nous aurions pû retirer, non-feulement de plufieurs traits qui fans doute n'auroient pas pû être regardez comme étrangers au Procès,mais encore de plufieurs autres avantures femblables dont Tou-

loufe Avignons, Marfeille, Rennes & plufieurs autres Villes retentiffant encore
& que nous avons pourtant paffé fous filence, quoique nous euffions pû, &
même dû en détailler toutes les circonftances. Eft-ce la conduite d'un Défenfeur ennemis ? Les jefuites, pour en bien juger, n'ont qu'à comparer les
Memoires de la Cadiere avec ceux qui ont été faits contr'eux dans tous les
autres Procès qu'il ont eus, & ils en reconnoîtront aifement la difference &
fa moderation. Paffons maintenant à la Subornation des Temoins.

SUR LA SUBORNATION DES TEMOINS.

Comme nous avons prouvé cette Subornation d'une maniere invincible par
nôtre precedent Memoire, nous n'aurons qu'à en rapeller ici fommairement
les preuves, & refuter tout ce que l'Accufé opofe pour tacher de les affoiblir.

Il ne fe défend ici que par une negative generale de tous les faits les plus
notoires & les mieux prouvez, & par un tas de fupofitions évidentes. Il foû-
tient hardiment à la face de la Juftice & de l'Univers, avec un front ennemi
de la verité, qu'il eft faux que le Pere de Sabatier ait contribué en quoi que
ce foit à faire naître ce Procès; qu'il eft faux qu'on ait jamais viollenté la Cadiere dans le Couvent des Urfulines de Toulon, pour l'obliger à retraéter fa
Plainte ; qu'il eft faux que lorfque Meffire Berge fe tranfporta par charité à ce
Couvent pour la confeffer, il fût efcorté du Pere de Sabatier & de deux Temoins;
qu'il eft faux qu'aucun jefuite fe foit jamais tenu à la Chambre de l'Officialité pour parler aux Temoins, & leur faire taire la verité ; qu'il eft faux enfin
que l'Official ait retranché des depofitions une partie des faits les plus graves.

Tout Toulon a été faifi d'indignation, quand il a vû cette négative fur tous
ces Faits, qui y font d'une fi grande notorieté. En effet, qui ignore à Toulon,
& même à Aix, que le Pere de Sabatier ne foit l'Autheur de cet honteux Procès.
Il n'a pas pû s'empêcher de l'avoüer: qui ignore, nous ne difons pas à Toulon
& à Aix, mais peut-être dans tout le Royaume, les violences qui ont été faites
à la Cadiere, dans le Couvent des Urfulines de Toulon, fi dévoüé aux Jefuites,
pour la forcer à fe départir de fa plainte; la qualité de fa variation n'en eft-elle
pas une belle preuve? Le refus des Confeffeur pour lui arracher un département,
& la fcene de Meffire Berge éfcorté du Pere Sabatier & de deux Temoins à ce
Couvent pour le même fujet, ne font-ils pas prouvez par quatre Comparans
communiquez au Procès, & encore par la dépofition de Meffire Berge, qui convient d'avoir voulu forcer la Cadiere à faire un departement de fa plainte, &
d'avoir refufé de la confeffer, parce qu'elle n'avoit pas voulu le faire? Qui ignore
à Toulon que le Pere de Sabatier avec d'autres perfonnes fe tenoient dans une
Salle de l'Evêché voifine de celle ou les Temoins étoient entendus, pour dif-
fuader ceux de la Cadiere de dépofer les Faits graves qu'ils avoient à dire ; &
que quand ils ne pouvoient pas en venir à bout, ils leurs enlevoient les copies, &
les renvoient fans dépofer? N'en avons-nous pas même demandé l'information
par une requête ? Et le retranchement que l'Official faifoit des Faits les plus
graves, n'eft-il pas prouvé par le recolement des Religieufes d'Ollioules, où elles ajoûterent tous les Faits que l'Official n'avoit pas voulu coucher, & le dirent
même Verbalement ? Mais après tout, faut-il être furpris que la même bouche
que nous avons convaincuë d'avoir nié des faits prouvez par tant de piéces &
par fes propres avûs, & qui a eû le front de nier d'avoir une Copie de la Procedure, & d'offrir même de jurer de n'en avoir point, nie ici tous les Faits que
nous venons d'établir ? Mais rapellons ici fommairement les preuves que nous
avons de cette subornation.

La premiere eft tirée de la qualité des Temoins produits par l'Accufé fous
le nom du Promoteur, qui font tous des gens vendus aux Jefuites, & la plûpart des Penitentes du Pere Sabatier, & même du Pere Girard, & fes Penitentes
ftigmatifées qu'il avoit mifes dans les mémes état que la Cadiere, & avec l'ef-

quelles il prenoit les mêmes libertez criminelles;ne faut-il pas être bien coupables pour employer dé pareils Témoins?

Envain il opose que la Cadiere par son exposition avoit designe pour Temoins les Penitentes du pere Girard; car outre qu'elle n'avoit parlé que de
deux de ses penitentes actuelles, qui sont la Guiol & la Gravier,& qu'il n'auroit jamais pû faire entendre en Temoin toutes ses autres penitentes,& celles
du pere de Sabatier; d'ailleurs elle avoit seulement dit qu'elle avoit communiqué à la Guiol & à la Gravier les libertez criminelles que le Pere Girard avoit
prises sur elle,& qu'elles lui avoient fait la mêmes confidence;mais elle n'avoit
eû garde de les regarder comme des Temoins legitimes,ni de les faire assigner,
parce qu'elles sçavoir bien qu'elles étoient encore livrées à l'Accusé.

La seconde preuve de Subornation est tirée de la maniere dont les Temoins
du promoteur ont été produits. Aujourd'hui,par exemple,on entendoit deux
Temoins de la Cadiere,le soir l'Official,le Promoteur & le Greffier portoient
la Procedure aux Jesuites pour la leurmontrer, & complotoient avec eux les
deux Temoins qu'il falloit faire entendre le lendemain pour leur faire dire le
contraire:En effet, le lendemain on voyoit paroître sous le nom du promoteur deux ou trois des penitentes du P.Girard à qui on faisoit dire précisement
le contraire de ce que les Temoins de la Cadiere avoient dit le jours precedent; & on a continué ainsi pendant le cours de la procedure,comme la Cour
le verifiera. L'Accusé n'a sçu que repondre à cette raison.

La troisiéme preuve de ce Complot & de cette Subornation se tire du langage que tous les Temoins du promoteur ont tenu, puisque de 44. qu'il a
fait entendre, il n'y en a pas un qui ait chargé le Pere Girard; que dit-on?
Il n'y en a pas un qui n'ait inventé quelque faux fait ou quelque fait ridicule, pour tacher de le justifier,& de lui procurer ou des pretendus faits justificatifs, ou des Objets contre les Temoins de la Cadiere C'est ainsi que le
Promoteur, au lieu de poursuivre la vengeance des crimes comis par le
Pere Girard,qui deshonorent tant la Religion; au lieu de faire entendre des
Temoins pour l'en convaincre,au contraire il n'en a fait entendre que pour
lui procurer son impunité,& pour oprimer l'innocence. Cette Procedure est
la honte de la Justice Ecclesiastique. La Cour pourra-t'Elle laisser impunie
une prévarication si condamnable & si criante?

L'Accusé,pour toute raison,nie que les Temoins oüis à la Requête du Promoteur, ayent deposé d'une maniere à lui procurer aucun fait justificatif, ni
aucun objet contre les Temoins de la Cadiere.Si sa bouche étoi moins accou-
tumée au mensonge, il n'auroit eu garde de tenir un pareil langage.

La Cour verifiera par le temoignage de tous les temoins oüis à la Requête du
Promoteur,qu'ils n'ont eu d'autre vuë que de procurer eu Pere Girard des pretendus faits justificatifs,ou des objets contre les Temoins de la Querelante;&
cela est si vrai que le Promoteur en a fait ouïr 7.ou 8.ensuite de la Lettre de la
Dame de Cogolin, pour leur faire dire seulement & faussement que les Parens
de la Cadiere avoient offert une pension à la Tourriere pour procurer à l'Accusé
un objet contre ce Temoin,qui est le même objet qu'il opose aujourd'hui, &
pour leur faire ajouter qu'il n'étoit pas possible que la Tourriere l'eut surpris
baisant la Cadiere au Parloir,parce qu'il n'y avoit point de trou à la porte,dans
la vuë de lui procurer un fait justificatif,tandisque la Tourriere ne dit pas de
l'avoir vû par le trou de la porte, mais bien de les avoir surpris après l'avoir
ouverte. Tous ces Témoins qui ont été oüis sur le fait de cette pension,ou de
ce trou,n'ont-ils pas été oüis pour procurer au Pere Girard des faits justificatifs ou des objets?Et n'est-ils pas bien odieux de voir que le Vengeur public ait
fait oüis des Temoins pour des pareils faits? Cela ne prouve-t-il pas biens le
complot, la subornation,& même la prevarication du Promoteur?

La quatrieme preuve de subornatió se tire de la Lettre que l'Accusé avoit fait
écrire par la Dame de Cogolin, à la Dame de Beaussier cadete,pour lui persuader

der de faire entendre les perfones denommées dans cette Lettre, & leur faire dire que les Parens de la Cadiere avoient offert une penfion à la Tourriere, ce qui a été exactement exccuté.

L'Accufé a dit. 1°. Que non feulement il n'avoit pas dicté cette Lettre, mais même qu'il l'ignoroit, & qu'il n'étoit pas vrai que la Dame de Cogolin eût dit le contraire. 2°. Que ce n'étoit là qu'une reponfe à une Lettre que la Dame de Beauffir lui avoit écrite. 3°. Que cette Lettre ne prouve point la fubornation, parce qu'elle ne contient ni promeffe, ni menaces. 4°. Que la Dame de Beauffier n'a jamais reçû cette Lettre, & qu'elle avoit été interceptée.

Mais ce ne font là que des fauffetez évidentes. Car 1°. Outre qu'on ne perfuadera jamais que la Dame de Cogolin fe fût avifée, de fon pur mouvement, d'écrire de pareilles Lettres, pour tracer le plan de cette fubornation, & que l'offre des refpects de l'Accufé, prouve qu'il étoit prefent; d'ailleurs on n'a qu'à la comparer à fes propres Lettres, & à celle qu'il a dictée à la Guiol, & l'on reconnoîtra fon ftile; & ne faut-il pas avoir renoncé à toute verité, pour ofer nier que la Dame de Cogolin ait dit que lui & la Dame de Gerin Superieure l'avoient forcée à écrire cette Lettre, puifque cela a donné lieu à des fcenes qui ont fait tant d'éclat à Toulon & même en cette Ville?

2°. Si cette Lettre eft une reponfe à celle de la Dame de Beauffier, c'eft juftement ce qui prouve que cette Lettre n'eft pas le commencement de la fubornation, & qu'elle avoit deja été cómencée par des Lettres precedentes. Au furplus, n'eft-il pas bien fcandaleux de voir que dans cette Lettre il ait parlé de la Tourriere, comme d'une Femme de mauvaife vie, tandis que tout le monde fçait qu'elle eft une Fille d'une exacte vertu? Mais un Jefuite coupable foule tout aux pieds, & emploit les moyens les plus iniques pour fe tirer d'un mauvais pas.

3°. Etoit-il neceffaire qu'il parût dans cette Lettre d'argent, ou de menaces, pour prouver la fubornation? Car outre que les mouvemens & les moyens qui s'employent pour cela, ne fe marquent pas dans une Lettre; d'ailleurs fa teneur ne fuffit-elle pas pour prouver cette fubornation, puifque par cette Lettre on marque à la Dame de Beauffier cadete les perfonnes qu'il faut faire entendre, & ce qu'elles doivent dire, & qu'il faut principalement leur faire depofer que les Parens de la Cadiere avoient offert une penfion à cette Tourriere; & que la Dame de Beauffier voyoit fi bien qu'elle étoit chargée par là de l'execution d'un odieux complot & d'une fubornation, que pour la raffurer fur la peine où elle étoit, on lui dit dans cette Lettre, *ne craignez rien pour vous, on ne vous commettra en rien qui pût vous faire, ou procurer la moindre peine?*

Auffi l'Accufé recónoît fi bien que cette Lettre eft une preuve de cette odieufe fubornation & de ce cóplot, qu'il fe retranche à dire qu'elle n'eft jamais parvenuë à la Dame de Beauffier, & qu'elle a été interceptée; Mais ce n'eft là qu'un faux pretexte, puis qu'il eft certain que cette Lettre a été reçûë par la Dame de Beauffier, & que ce ne fut qu'après l'avoir pleinement executée qu'elle la perdit, & qu'elle nous a été remife; & cequi ne permet pas d'en douter, c'eft qu'il eft prouvé par la Procedure que tout le plan de fubornatió tracé par cette Lettre a été precifément executé: Les perfonnes y mentiónées ont été ouies en temoin, & elles ont depofé les faits contenus dans cette Lettre, cóme nous l'avons prouvé par nôtre premier Memoire, p. 52. & 53. & par celui des Objets, p. 15. & 16.

La cinquieme preuve de fubornation fe tire de ce qu'il eft juftifié par la Procedure, que le Pere Aubani & le Pere Boutier Obfervatins, avoiët abufé du nom de M. l'Evêque, pour menacer les Religieufes Clairiftes, qui avoient depofé contre le P. Girard, ce qui avoit fait de grádes impreffiós fur l'efprit de ces Religieufes; Vouilà la preuve des menaces que l'Accufé pretéd manquer à la Lettre de la Dame de Cogolin. Bien d'avantage, il eft prouvé que le Pere Aubani, chargé de plufieurs crimes, & même d'un Viol d'une Fille de 13. ans, qui lui avoient fait quitter le Pays, avoiët été rapellé; & que la Juftice Ecclefiaftique lui avoit accordé l'impunité de fes crimes, à condition qu'il s'employeroit à procurer un pareil fort au Pere Girard. En effet, il a joüé pour lui le rôle de faux-temoin & de fubornateur, jufqu'à fe fubroger fauffement au Frere Pierre jean, nommé par la Dame de Camelin la cadete , pour faire le raport du trou de la Porte.

L'Accufé, en reconnoiffance, dit que l'accufation du Pere Aubani n'étoit que l'effet du pouvoir ridicule de Materone ; qu'il n'étoit pas accufé d'avoir violé une Fille de 13. ans, comme nous l'avançons, mais d'avoir eu feulement certaines manieres indecentes avec elle, & qu'il avoit été lavé de cette impofture par un departement.

Le Pere Girard qui ne dit la verité nulle part, a crû avec raifon que ce feroit une ingratitude de la dire ici : Il appelle un Viol des manieres indecente avec une Fille; un Quietifte n'en peut guere parler autrement: Il veut que le departement que le Pere Aubani avoit acheté moyenant 800. l. foit une preuve de la calomnie de cette accufation ; il veut même que cela ait fuffit pour le purger. Nous convenons qu'il n'en faudroit pas d'avantage, ni même tant pour un Jefuite; mais un Obfervantin n'eft pas une perfonne fi privilegiée;& il étoit encore foumis à la rigueur de l'Art. 19. de l'Ordonnance Criminelle, au Tit. 25. qui veut que dans les grand crimes le Vengeur public foit obligé d'en continuer les pourfuites, nonobftant le departemnnt de la Partie civile: Et fon Corps qui ne le regarde ni comme abfous, ni comme innocent, & qui eft incapable de proteger le crime, lui fait faire fon Procès, & il eft actuellement en Prifon.

La derniere preuve de Subornation fe tire de ce que l'Accufé a fait depofer fauffement à 4. Religieufes fes Penitentes ou du Pere Sabatier, qui font les Sœurs Gaudin, Saurin, Portalais & de Cogolin, que Magdelaine Pauque leur avoit dit que la Cadiere s'étoit enfermée avec le Prieur des Carmes à la Baftide de fon Oncle, tandis que cette Magdelaine Pauque oüie en Temoin , non feulement n'a rien dit de pareil dans fa depofition, mais même dans fa confrontation avec la Cadiere, celle-ci l'ayant interpellée de declarer fi ce fait étoit veritable, & fi elle l'avoit dit à ces 4. Religieufes, elle a repondu que c'étoit là une infigne impofture dont l'Accufé avoit voulu falir l'imagination de ces 4. Religieufes. Nous paffons ici le detail des autres faits de Subornation dont nous n'avons pas la preuve, & qui dependroient d'une Procedure à faire; mais celles que nous avons, & que nous venons de detailler, ne fuffifent-elles pas? Et eut-on jamais de preuves plus completes de Côplot & de Subornation que celles que nous avons ici?

Nous n'avons garde de perdre le tems à refuter les faux raifonnemens que l'Accufé a fait pour perfuader qu'il y a eu une Subornation de nôtre part contre lui: Nous nous contentons de lui dire que nous le défions, non-feulement de prouver ni de venir à bout de perfuader qu'il y ait eut ici aucune Subornation de nôtre part, mais même qu'aucun Particulier ait jamais employé la Subornation contre des Jefuites, & encore plus de faire voir que les Jefuites ayent eu jamais aucun Procès criminel, où il n'ayent employé le Complot & la Subornation.

A l'égard du pretexte du Complot qu'il veut imputer à la Demoifelle Cadiere, à fes Freres & au Pere Carme, c'eft la chofe du monde la plus ridicule, car outre que nous avons détruit tous les faits qu'il entafse ici pour foutenir le faux fifteme de ce pretendu Complot ; d'ailleurs pour en faire fentir tout le ridicule, nous n'avons qu'à employer ici trois reflexions.

La premiere, qu'il faudroit renoncer au fens commun pour croire qu'une Fille d'une trèshonête Famille, avec une Dot confiderable, & qui jouïffoit non-feulement de la reputation d'une Fille de vertu, mais encore d'une Sainte, eût formé l'extravagant projet de quereller un Jefuite, fans autre efpoir que celui de fe deshonorer pour toûjours. Il n'y a qu'un Jefuite coupable qui puiffe enfanter des idées auffi monftreufes que celles-là.

La feconde, que ce n'eft pas elle qui a porté volontairement fa Plainte à la Juftice, & qui a manifefté ce miftere d'iniquité de gayeté de cœur, puifque c'eft l'Official qui l'y a forcée par la religion du ferment.

Et la derniere fe tire de ce que comment ofe dire le Pere Girard que cette Accufation ne foit que l'ouvrage d'un Complot contre lui, tandis qu'il eft convaincu de tous les crimes dont il eft accufé, non-feulement par une foule de

Temoins irreprochables, mais encore par fes Lettres & par fes propres avûs? Dans ces circonftances ne faudroit-il pas avoir fait une addication generale de la raifon & du fens commun, pour adopter l'idée d'un fi ridicule Complot? Il ne nous refte plus qu'à refuter quelque mauvaifes Objections que les Jefuites employent dans la folicitation, pour tâcher de furprendre la religion de Meffieurs les Juges.

Ils difent d'abord qu'il eft de l'interêt & de l'honneur de la Societé, qui eft un Corps fi refpectable, que le Pere Girard fois abfous, quelque coupable qu'il puiffe être.

Mais en premier lieu, il n'a tenu qu'à la Societé d'éviter cet éclat : elle n'avoit qu'à laiffer ce miftere de honte dans un oubli éternel, & non pas forcer cette fille malgré elle à le manifefte elle n'avoit qu'à accepter le moyen que le Souffigné lui avoit fait propofer, & non pas le refufer, & repondre que ce n'étoit pas l'affaire du Pere Girard, mais celle de la Societé, & qu'il falloit un Arrêt.

En fecond lieu, les crimes d'un particulier ne font tort au Corps, qu'autant que celui-ci les aprouve, par la protection qu'il prête à fon Membre coupable; Il depend du Corps d'en tirer même une nouvelle gloire, en defavoüant le Criminel, & en puniffant le crime. On fçait que les Corps nombreux ne font pas tout compofez d'Anges, & que parmi le grand nombre il y a toûjours quelqu'un de foible ou de mechant. Ce n'eft pas ici le premier Membre que la Juftice ait puni, fans que ce Corps fi refpectable ait rien perdu de fon éclat. Les actions font perfonelles, & la honte comme la peine ne tombe que fur la tête des coupables ; *pæna fequitur rerum* : C'eft même le Principe des jefuites contre l'Ordre des Carmes & des Dominicains.

Mais quand il faudroit fuppofer pour un moment que la Societé fut intereffée à l'abfolution de l'Accufé, ne fuffiroit-il pas que la Religion le fut encore plus à fa punition? Et qui devroit ici l'emporter, ou la Societé, ou la Religion? Quel parallelle! L'Ordre des Dominicains, celui des Carmes font-ils moins intereffez à l'honneur de leur Membres fi innocens?

En fecond lieu, les jefuites difent que la volonté du Roy eft que le Pere Girard foit innocenté. S'ils avoient furpris quelque refcrit de la Religion de Sa Majefté; le Roy à l'exemple d'un grand Empereur Romain, vous diroit Meffieurs que le Souverain ne veut jamais rien qui bleffe le droit public, l'utilité publique encore moins la Religjon, dont il eft le premier Protecteur; que quand on furprend de lui quelque Refcrit contraire, les Juges n'en doivent pas faire la regle de leurs Jugemens, mais fuivre toujours les Loix inviolables de la Iuftice & de l'Etat ; *Omnes cujufcumque majoris, vel minoris adminiftrationis Univerfæ noftræ Reipublicæ, Judices monemus, ut nullum refcriptum. nullam Pragmaticam fanctionem, nullam facram adnotationem quæ generali Juri, vel utilitati publicæ adverfa effe videatur, in difceptationem cujuflibet litigii, patiantur proferri, fed generales facras conftitutiones modis omnibus non dubitent obfervandas.* Mais où paroit-il que ce foit là la volonté du Roy? Où eft le Refcrit? Où font les Lettres Patentes qui contiennent une pareille difpofition? Si Sa Majefté avoit voulu difpenfer l'Accufé de la peine de fes Crimes, il lui auroit ouvert le tréfor de fes mifericordes, quoiqu'il doive toûjours être ferme aux prefanateurs de la Religion; s'il n'avoit pas voulu que le Parlement jugeât cette Affaire fuivât les Regles ordinaires, il ne lui en auroit pas renvoyé la connoiffance en premier & dernier reffort., il l'auroit retenuë. Mais cette facrilege calomnie, n'eft-elle pas détruite par deux Arréts du Confeil d'Eftat des 16 Janvier & 11. Juin dernier, qui ordonnent que le Procés fera fait & parfaits au Pere Girad, à la Requête de M. le Procureur Geral du Roy & à la diligence de la Cadiere, qu'il fera inftruit & jugé fuivant les ordonnances. Voilà quelle eft la volonté du Roy marquée par deux arrêts refpectables. Eft-ce ainfi que les Jefuites, pour fauver un Membre fi coupable, abufent du Nom facré de Sa Majefté, infultent à la pieté du plus Grand Monarque du Monde, & du Fils Aîné de l'Eglife, dans une Caufe où elle eft fi intereffée.

Enfin les jefuites veulent encore perfuader qu'il eft de l'honneur de la Religion d'abfoudre l'Accufé,& qu'il n'y a que ce moyen d'éviter le fcandale. Nous convenons que quand ces fortes de crimes font encore cachez, il eft de la prudences des Prélats de les punir par des peines fecrettes,mais proportionnées,& d'en dérober au public la connoiffance fcandaleufe: Mais une fois que ces crimes font manifeftez,une fois qu'ils ont été portez au grand jour de la Juftice? quel party refte-t-il à prendre pour fauver l'honneur de la Religion, que celui d'un châtiment auffi éclatant que l'on eû les prophanations? Le fcandale n'eft que dans les crimes memes, & non pas dans les Procedures que la Juftice fait pour les punir; encore moins dans les Jugements qui en prononcent la peine; Au contraire le filence de la Juftice fur les crimes de cette efpece, où les jugemens d'abfolution feroient encore plus fcandaleux que les crimes mêmes. Ce n'eft pas ici le premier Directeur qui ait abufé de fes Penitentes, & fait fervir les Sacremens & Dieu-même, pour ainfi dire, à fon iniquité; nos Livres font pleins de pareils exemples: Les Parlemens ont-ils crû qu'il fut de l'interêt de la Religion d'abfoudre ces coupables? Non fans doute: Ils ont crû au contraire qu'il étoit de fon interet & de fon honneur de les punir d'une maniere capable de reparer le tort qu'ils lui avoient fait par leurs prophanations; & que ce feroit la deshonnorer entierement que de les laiffer impunies.

Les crimes du Pere Girard ont été manifeftez au public par céux-même qui auroient dû les cacher;tout l'Univers en eft inftruit, il lui en a lui même fourni la preuve par l'impreffion de fes Lettres,& fur tout de celle du 22. Juillet 1730. & de celle de la Guiol fa cenfidente, du 30. Août fuivant; tout l'Univers a fous fes yeux toutes les preuves & les raifons des Parties: Les Faits font conftatez, leurs défenfes font fixées par leurs Memoires Inftructifs; il s'ft faifi de la connoiffance de cette Caufe;il eft prêt à en prononcer un Jugement contradictoire: Comment fe flatent les Jefuites de lui pouvoir donner le change? Il faut donc, ou immoler le Coupable à la Religion prophanée, ou immoler la Religion au Coupable: Voilà à quelle extremité cette Affaire fe trouve aujourd'huy. Si l'Accufé eft abfous,les Femmes & les Filles font livrées en proye aux Directeurs corrompus, ou pour mieux dire la Confeffion eft abolie, la Religion eft entierement deshonorée; cette Religion fainte fcelée du Sang d'un Dieu, prendra l'air d'une Fable, & d'une métamorphofe Payenne. Voilà Meffieurs, qu'elles feroient les fuites funeftes de l'abfolution de ce Coupable. De fi grands malheurs ne font pas à craindre dans un Tribunal Chrêtien, dans un Tribunal qui a donné dans tous les tems des preuves fi éclatantes de fon zele pour la Religion. Qu'il eft glorieux au Parlement de Provence, d'avoir à juger une Caufe fi fameufe, la Caufe de la Religion, de Dieu-même, de celui qui juges les juftices, une Caufe qui merite, & qui fait l'attention de tout l'Univers; une Caufe enfin, qui feroit digne d'être jugée par une Affemblée Generale de tous les Senats répandus dans tout le Monde Chrêtien; & d'avoir l'occafion de rendre fa gloire immortelle par l'éclat de la Juftice de fes Arrêts. Nous efperons, Meffieurs, qu'animez du zele de la Religion, vous en foûtiendrez, vous en conferverez les Droits les plus facrez, la pureté de fes Dogmes & celle de fes Sacremens, avec une fainte fermeté: foyez perfuadez que le Roy, qui dans le choix qu'il a fait des Juges de cette Caufe, n'a eu en vûë que la probité & la fageffe, fera le premier à aprouver, à louer vôtre vertu, vôtre Juftice & vôtre integrité. *Vos oro, obteftorque judices, ut fententiis ferendis, quod fenfietes, id audeatis; veftram virtutem, juftitiam, fidem, mihi credite, is maxime probabit, qui in Judicibus legendis optimum, & fapientiffimum quemque legit.*

Conclud à la reception de l'Expedient de la Demoifelle Cadiere, demande plus grands dépens & pertinement.

CATHERINE CADIERE.
CHAUDON, Avocat.
AUBIN, Procureur.